# 中华爱国人物故事

ZHONGHUA AIGUO RENWU GUSHI

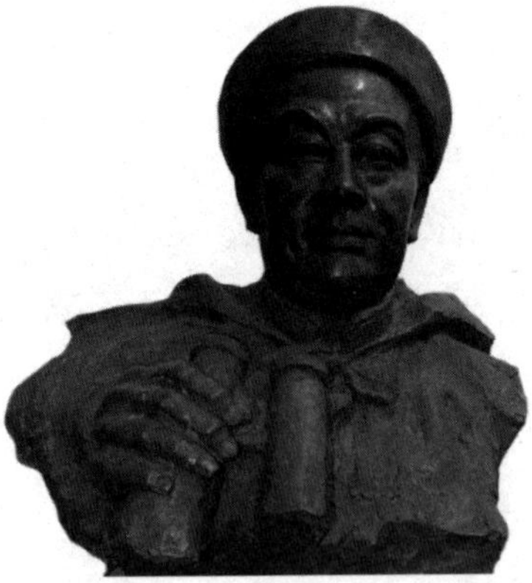

# 甲午英魂邓世昌

门雄甲 编著

吉林人民出版社

### 图书在版编目(CIP)数据

甲午英魂邓世昌 / 门雄甲编著. -- 长春：吉林人民出版社，2011.5
（中华爱国人物故事）
ISBN 978-7-206-07856-9

Ⅰ.①甲… Ⅱ.①门… Ⅲ.①邓世昌（1855～1894）–生平事迹 Ⅳ.①K825.2

中国版本图书馆CIP数据核字(2011)第075718号

## 甲午英魂邓世昌
JIAWU YINGHUN DENG SHICHANG

编　　著：门雄甲
责任编辑：王　斌　　　　　封面设计：七　洱
吉林人民出版社出版 发行（长春市人民大街7548号 邮政编码：130022）
印　　刷：鸿鹄(唐山)印务有限公司
开　本：670mm×950mm　　1/16
印　张：8　　　　　　　　字　数：70千字
标准书号：ISBN 978-7-206-07856-9
版　次：2011年5月第1版　　印　次：2023年6月第4次印刷
定　价：35.00元

如发现印装质量问题，影响阅读，请与出版社联系调换。

# 总 序

胡维革

《中华爱国人物故事》是一套故事丛书。它汇集了我国历史上80位古圣先贤、民族英雄、志士仁人、革命领袖、先进模范人物的生动感人史迹，表现了作为中华民族优秀传统的伟大的爱国主义精神。

爱国主义是人们对于"生于斯、长于斯、衣食于斯"的祖国的一种神圣感情，是人们对于自己民族的一种强烈的责任感和使命感，是感召和激励整个中华民族的一面永不褪色的旗帜。在漫长的历史上，爱国主义一直激励着中华儿女为祖国的独立、统一、进步和繁荣而英勇奋斗。从伟大的思想家教育家孔子到统一全国的千古一帝秦始皇，从秉笔直书著《史记》的司马

◆ 中华爱国人物故事

迁到鞠躬尽瘁死而后已的诸葛亮,从伟大的浪漫主义诗人李白到精忠报国的民族英雄岳飞,从七下西洋传播友谊的郑和到抗击倭寇的民族英雄戚继光,从苟利国家生死以的林则徐到为变法流血的第一人谭嗣同,从威震敌胆的抗联将军杨靖宇到人民音乐家聂耳与冼星海,从踏遍青山人未老的李四光到万婴之母林巧稚,从县委书记的好榜样焦裕禄到情系雪域献身高原的孔繁森……都表现出了强烈的爱国主义精神。正是由于热爱祖国的人们前仆后继地奋斗,国家和民族才得以生存,历经一次次历史危急关头而能转危为安,走向兴盛和富强,从而屹立于世界民族之林。爱国主义是鼓舞中华儿女历经忧患、跨越沧桑、百折不挠、自强不息的伟大力量,它贯穿于中华民族的整个历史,并有力

## 总序

地凝聚着五洲四海的中国人。

　　爱国主义是一个历史的范畴,在社会发展的不同阶段、不同时期有着不同的具体内容。革命时期,需要我们为祖国的独立自主出生入死;建设时期,需要我们为祖国的繁荣富强增砖添瓦;在全国各族人民团结一心建设富强、民主、文明、和谐的社会主义现代化国家的今天,我们要争做一名新时期的爱国者。新时期的爱国者要有强烈的民族自尊心和自豪感。民族自尊心和自豪感是任何时期任何爱国者都必须具备的情感。民族自尊心能增强我们自立向上的恒心,民族自豪感能树立我们建设祖国的信心。要树立"祖国高于一切"的崇高信念,为了祖国和人民的利益不惜抛却个人的利益,甚至不惜牺牲个人的生命。要树立终身学习的理念,拓

◆ 中华爱国人物故事

宽自己的知识面,广泛吸收新知识新技术,完善自身的知识结构,更新学习知识的方法与理念,从思想上、知识上充分武装自己,为祖国的繁荣昌盛贡献力量。

爱国主义思想的继承和发扬,是关系到民族盛衰、国家兴亡的根本问题。一代代人爱国主义思想情操的形成,需要不断地培养。培养爱国主义的一个重要途径是向爱国主义的英雄人物和典范事迹学习。这套丛书的出版,对于人们向英雄和先进人物学习,特别是对于在中小学生中进行爱国主义教育,将可提供一些生动的教材。祝愿此书出版发行成功,为培养"四有"新人做出贡献。

于2011年4月23日

世界读书日

## 编 委 会

策　划：胡维革　吴铁光
　　　　林　巍　李达豪
主　编：胡维革　邢万生
副主编：贾淑文　吴兰萍
编　委：(按姓氏笔画为序)
　　　　于二辉　门雄甲
　　　　刘士琳　刘文辉
　　　　孙建军　李相梅
　　　　李艳萍　杨九屹
　　　　谷艳秋　陈亚南
　　　　隋　军　韩志国

# 目 录
## CONTENTS

◎ 012　勤奋求学的聪慧少年

◎ 020　胸怀报国之志的青年

◎ 026　沉稳练达的舰船管带

◎ 035　驻防刘公岛

◎ 044　接舰驾船显英才

◎ 052　北洋水师名将

◎ 058　爱国情操铸海防

# 目录
## CONTENTS

甲午风云起　064

丰岛海战　075

大东沟海战　084

威海海战　093

黄海海战　103

碧海蓝天系忠魂　110

## 勤奋求学的聪慧少年

1849年10月4日（清道光二十九年，农历八月十八日），邓世昌出生于广东番禺县龙导尾乡（今广州海珠区龙导尾街）的富裕人家。其父邓焕庄，专营茶叶生意，尝于广州及津、沪、汉、香港、秦皇岛等地开设祥发源茶庄，并始建邓氏家祠。因邓焕庄与妻子郭氏饱受世道黑暗和战乱之苦，殷切盼望邓氏家业昌盛，就给他们的独生子起名为邓永昌。然而，家业兴旺谈何容易，离不开时势和国运的大环境，故知情达理的邓焕庄又将其子改名为邓世昌，字正卿。

1857年（清咸丰七年），时值法国人借口"马神甫事件"，出兵助英，再攻广州，不日城陷。而此时邓家之茶业，自是饱受战火之累，甚不景气。邓焕庄思来想去，欲往沪上一走，投奔亲友，再起商号，拓展茶业。邓焕庄自由随父营商，广涉茶道，颇得其法，入沪并未多日，便将一小茶行有模有样地张罗起来。此时,上海亦成为通商口岸,遭受外夷侵扰,只比广州平和些许。然其城甚大,人口繁多,仍不失行商佳境。邓焕庄如鱼得水,生意做得红红火火,声名日旺。至清同治年间,已挣下不菲的一份家业,根深蒂固,稳居沪上。

  邓世昌从小资质聪颖,勤奋好学,在家乡以优异成绩学完小学学业。邓焕庄觉得,为长孩儿治家理业之能,无论将来让儿子继承自己的事业,还是从事别的事业,都必须学习洋文,进而学习外国先进科学知识。于是,邓焕庄携其子邓世昌至上海,师从欧洲人,学习英文外学,并先让他进了教会学校,师从欧洲人学习英语、算

邓世昌故居

# 中华爱国人物故事
## ZHONGHUA AIGUO RENWU GUSHI

邓世昌故居陈列的邓世昌画像

民族英雄邓世昌
(1849—1894)

术，以利商用。这在把英语当作"蛮夷之语"的当时来说，是惊世骇俗的。邓世昌天资聪慧，且有好学，到了上海之后，接受新知识能力很强，学业上进步极快，11岁时（1860年，清咸丰十年）在很短时间内，就能与洋师对话，并能阅读英美原版书籍。洋师对他赞赏有加，十分喜欢这个聪明伶俐的学生。

然而，邓世昌所思却非其父所望也。他习外学并非为家之商用，而实为立志报国之需！闻睹国人国土受洋人欺占，皆因洋人恃其技艺之高、器具之优而为，若能学其长，取其精，强中华之国力，则外夷实难犯矣。每当学业之余，邓世昌仍不忘练功习武，强健体魄，又喜书法字艺，时时习练之。邓世昌性情日渐沉毅，善思多虑，时为国家担忧。及至沪上，游览浦江，见江上外舰游弋自如，毫无拘束，乃忧心忡忡道："中外如此通商，任由外舰进出，久而久之，我关隘要塞，尽为其熟。若我不以西法设置海军，强固海防，一旦外夷寻衅肇事，何以御之？"同游者闻言，无不赞叹邓世昌襟怀之广。

　　1867年6月（清同治六年），林则徐女婿、前江西巡抚沈葆桢，受命危急，总理船政。是时，中国屡遭外夷海上之欺，清政府有意壮大海防，以御外寇。闽浙总督左宗棠，见机行事，于1866年（清同治五年）创办福州船政局，以修造舰船为业，设址福建马尾，因而亦称为马尾船政局。其委法国人为监督，并聘用法国技师和工头。第二年，沈葆桢总理船政，深知海防人才之重要，深知制造轮船须培养造船人才，遂增设船政学堂，开办制造学堂（前学堂），因法国长于制造，故应用法文教学。同时，沈葆桢知晓要驾驶轮船须培养驾驶人才，随即开办驾驶管轮学堂（后学堂），因英国长于驾驶，故应用英文教学。同时，拟招闽粤两地聪慧少年入学，寄以栋梁之望。

　　这两个学堂与船厂同时兴办，并开始招生，生源主要为福建本地资质聪颖、粗通文字的16岁以下学生。所招学生，自是福建省本地人罗丰禄、何心

川、蒋超英、刘步蟾、叶伯鋆、方伯谦、林同书、郑文成、林泰曾、李达璋、严复、沈有恒、邱宝仁、陈毓淞、林永升、叶祖珪、陈锦荣、黄煊、许寿山、林承谟、柴卓群、郑溥泉、黄建勋。

后学堂由于生源不足，招生一直扩展到广东、香港一带，并将年龄要求放宽到20岁以上。此时，邓世昌恰回广东老家小住，其年龄虽然仅有十七八岁，却少年老成，目睹山河破败之状，深感哀痛。

邓世昌得知此消息后立即禀告父亲，要求报考，开明的父亲毫不犹豫地答应了他的请求。邓世昌少年时就聪颖好学，"有干略"。当时18岁（1867年，清同治六年）的邓世昌，怀着救国的志愿，回到广州，参加考试，以各门课程考核皆优的成绩考入福州船政学堂学习航海，成为该学堂驾驶班第一届学生。

邓世昌考取船政学堂后，进入后学堂，专习航海驾驶技术。学堂设有英语、天文、地理、数学、驾驶、绘图、声学、光学、热学、化学、水重学、电磁学、动静力学等十余种科目。

教习多为英法等国洋员。其实，清政府屡遭败仗，亦逐渐悟出其中之道，以为是缺少坚船利炮，加之清军的装备、技术不如西方的军队。恭亲王奕䜣曾说："治国之道，在乎自强，而审时度势，则自强以练兵为要，练兵又以制器为先。"北洋大臣李鸿章则说："取外人之长技，以成中国之长技。"如是之理，清廷聘用洋员教习，自在情理之中。

  邓世昌虽然对洋人反感，但他深知其技之长，国人实难相比，欲制之则须先师之，故而埋头学习，以强自身。凡习航海驾驶技术者，需首学英文。轮船中所问所答，所记所载，皆需英义。而邓世昌此前虽有所学，却远不足后用，故而深学英文。海程万里，茫茫无际，难辨方位。西人航海能测天度知海程向位，因学天文。礁石沙线，海水深浅，潮汐涨落，皆与地理有关，于是他

马尾船政学堂

苦学地理。测天度，测海程，操用机器等科目，尽需通晓数学，于是邓世昌又深习数学。水力之刚柔，风力之轻重，火力之强弱，行船之速率，皆有其理，邓世昌乃熟习驾驶理论与技术。航海需要绘图，以备后用，他又学绘图。如此种种，邓世昌尽学尽优，业绩甚佳。

首届学生中学业优秀者，除邓世昌、林永升外，还有侯官学生刘步蟾、叶祖珪、邱宝仁，闽县学生林泰曾，永福学生黄建勋，等等。

船政学堂第一次招考学生后，又从广东招来已学过英语，并且基础较好的学生叶富、吕瀚、李和、张成、李田、黎家本、林国祥、梁梓芳、卓关略等十余人。此时，参加报考的学生，家境贫寒之生占大多数，其次是受到外国影响的家庭和商人子弟、外国学堂学生。报名者必须将三代名讳、职业、保举人功名经历填写保结，并要取其父兄及本人的保结。

光阴若流水，转眼两年过去。首批学生，大多学业优异，品行端正，深受教习官长褒扬。尤其是邓世昌，因其年长同学三四岁，知情达理，严以律己，不啻学业刻苦，且事事表率于诸生，实为师生称赞，乃至沈葆桢亦颇为器重。

福州船政学堂在沈葆桢的督办下，治学有方，颇见成效，深受清廷器重，船局、学堂皆日益盛旺。及至

1871年（清同治十年），福州船政学堂首届学生毕业，登船实习。是时邓世昌经过5年堂课学习，与刘步蟾、林泰曾、叶祖珪、方伯谦、林永升、邱宝仁、严宗光、黄建勋、李和、李国祥等数十人，被派往"建威"舰教习练船，实习航海驾驶，随船巡历南洋各岛。数载苦读，经年寒窗，一朝得用，诸生无不欢欣，各个尽其所学，倾心操作，唯恐不及他人。邓世昌年长品佳，学业甚优，学且善用，其驾驶之伶俐，神态之从容，测算之精准，均颇得教习褒扬。

模拟当年福州马尾船政学堂授课情景的塑像

## 胸怀报国之志的青年

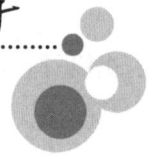

1871年（清同治十年），船至广州，拢岸停泊，邓世昌邀友入城。求学离家，业已四载，其间时动思乡之念，然恐误学，终未回归。此番有幸随船归乡，自是欢喜不已。待至家中，见过祖父，邓世昌禀明当年离家从戎报国之志。但见孙儿矢志不移，且学有所成，甚是欢喜。其父仍营商于沪，未能觌面，世昌心中甚憾。这是邓世昌从军后"第一次"回广州家乡探亲，那时他22岁。

堂课教育，仅是海军教育的第一步。要成

**"建威"号驱逐舰下水仪式**

为合格的海军军官，需经练习舰的实习。不久，邓世昌和其他同学一起登上"建威"练船，开始了他们渴望已久的海上远航。这次航习，先后到达厦门、香港、新加坡、槟榔屿，历时4个月。海天荡漾，有时数日不见远山，有时岛屿萦回，沙线交错。练习舰经受各种考验：去时由教员躬督驾驶，各学员逐段誊注航海日记，测量太阳和星座的位置，练习操纵各种仪器；返航时学员们轮流驾驶，教员将航海日记仔细勘对，经过两年舰课实习后毕业。那时，邓世昌24岁（1873年，清同治十二年）。

邓世昌告别家人后，赶回练船，与众学友起航再行。

邓世昌在军舰上写家书（蜡像）

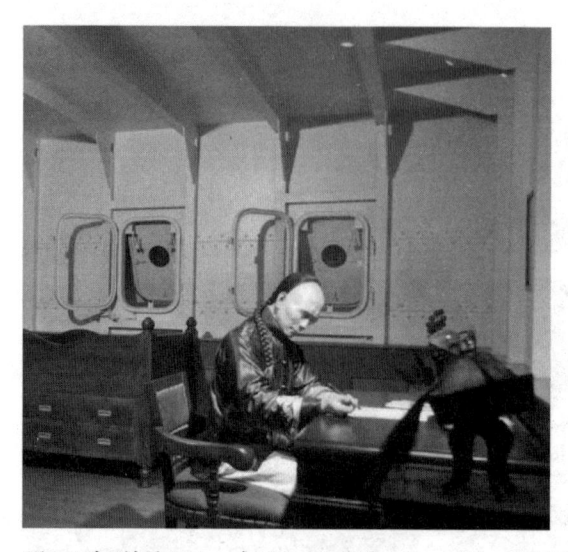

及至南洋海面，但见四下水天一色，渺渺茫茫，一望无际。方伯谦道："海洋如此之广阔，实难明其理也。"刘步蟾反曰："世上万物，皆有其理。有心寻求则易，无心寻求则难。海虽大，终无我等心大也！"邓世昌亦道："子香兄言之有理。万事之难，难在其表，俟至深入其中，便觉不难。邓某幼时曾往万顷沙拜师习武，见那处人家，各个熟识海情。万顷沙乃是珠江上游泥沙随水冲下，于海口处沉积而成，滩涂深浅不一。渔家久居于此，渐识其理，将海涂分为鱼游、橹逼、鹤立、草铺四段。水下浅滩渐渐淤积升高，可见鱼儿游动，即曰'鱼游'；浅滩又升，船橹时而触底，即曰'橹逼'；浅滩再升，野鹤先知，来此栖息，即曰'鹤立'；浅滩升至时隐时露，生出水草，即曰'草铺'。此虽为俗理，然若无心揣摩，亦难以识之。"

众人闻此言语，无不信服。方伯谦一旁嘿嘿无声，显得有些尴尬。

又一日，众学友练船北上渤海湾，行至渤海南端，与黄海交汇处，顿时波浪汹涌，巨浪比连，练船只若飘叶一般。而此时天高云淡，并无大风，众生甚为不解，便向教习请教。

教官手指西方道："可见清岸况乎？"

众生一起拿眼望去，便见遥远之处，海岸风光旖旎，有岬角突于海中，如刀似剑，劈波斩浪。岸上有座小山，山中若有屋舍，细处却难辨清晰。

教官递过望远镜来，刘步蟾接了先看，惊道："好一个险峻所在！"邓世昌亦接过望远镜来看，但见岬角尖处，一座巨大的山岩直插入海。岩头突兀，该数十丈高矮模样；岩壁陡峭，分明似刀削斧劈般而成。岸下海礁比比皆是，雪浪排空，鸥鸟惊飞，舟船无影。

教官叹息一声道："此处乃人怵鬼愁之'天尽头'也！"

众生忙问："怎样个'天尽头'？"

教官道："此地名曰成山头，系属山东半岛之端，地处东经122度开外，比我国南海台湾北部之三貂角，尚要偏东68分，配称为'中国好望角'。秦朝时，始皇帝嬴政东巡至此，眺望大海烟波浩渺，波涛汹涌，只觉得是到了天之东边尽头，遂赐名曰'天尽头'，并命丞相李斯勒碑立石于岩角之端。'天尽头'向来以水险浪急闻名，素有'无风三尺浪，有风浪滔天'之说。"

众生听罢皆叹道："原来如此，原来如此。难怪此海这般浪大。"

邓世昌沉思道："'天尽头'此等方位，既是航道险处，更是海疆要厄也！"说罢，急忙取出纸笔，描画海图。

方伯谦见状，打趣道："邓兄如此用心，莫非要来此险恶之处守防？"

邓世昌应声道："这便难说。但凡大清海疆，我等皆有守防之责。"

教官称赞道："便是这等道理。我等既然投身海防，则应当投心海防，处处时时，以国为重。"

众生纷纷颔首以应，并各做观测记录诸多事宜。

此番练航，邓世昌、刘步蟾、林泰曾一班学友，驾驶"建威"舰练船，南至新加坡、槟榔屿各口岸，北至渤海湾、辽东湾各口岸，广为巡历，无所不至，极是获益。练船归闽后，教习将诸生表现情状汇报于学堂，尤其将邓世昌予以夸赞。学堂将练生逐个考量评测，仍以邓世昌、刘步蟾等诸多生员业绩为优，乃上报于船政大臣沈葆桢。邓世昌、刘步蟾等人因此受到沈葆桢的褒奖。

  邓世昌25岁时在船政学堂攻读5年，自始至终，奋发学习，自强不息，各门功课考核皆列优等。"凡风涛、沙线、天文、地理、测量、电算、行阵诸法，暨中外交涉例文，靡不研究精通"，尤其是在随"建威"练船到南洋的实习中，表现出实际驾驶、管理舰船很高的素质和技能，深得外教的好评。加之年龄在同学中偏大，邓世昌显得比较稳重和老练。正因如此，沈葆桢很看重他，称赞他是船政学堂中"最伶俐的青年"之一。1874年2月（清同治十三年），邓世昌被船政大臣沈葆桢奖以五品军功，任命为"琛航"运输船大副。船政学堂培养的军官开始指挥军舰，这是中国军事教育史上的一件大事，它开辟了院校教育的先河。

船政文化博物馆（中国近代海军博物馆）陈列的马尾船政学员学习的塑像

## 沉稳练达的舰船管带

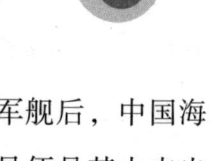

自从清政府向外国购置了一些新式军舰后,中国海军中出现了一批年轻有为的军官。邓世昌便是其中杰出的一名。

1874年,邓世昌成为福州船政学堂第一届毕业生。由于他擅长测量驾驶,被分派到一艘木制的运输舰"除航"号上当管带(船长),后来又被调去指挥"振威"号兵舰,专门捕捉海盗。在这短短几年中,已显露出他指挥舰只的非凡才能。

1875年(清光绪元年),日本趁清廷王臣更易、慈禧太后重掌政权之际,再番兴兵,进袭中国宝岛台湾。此时,林泰曾随同洋监督日意格赴英国采办军用器物,研习西学,已不在闽。而邓世昌时任"海东云"炮舰管带,奉命与刘步蟾等人赶赴台湾,扼守澎湖、基隆等处要塞。他在执行守备任务时坚决果断,用兵有方,抑制了日本

依山傍水的福州马尾是中国船政文化的发祥地和近代海军的摇篮

侵略军的嚣张气焰，并带领水勇驰赴后山、埤南等地，抵制日寇，抚恤安辑。待事情处理完毕，邓世昌得以补充为千总，刘步蟾得以擢升为"建威"号管带。

不久，沈葆桢奏请朝廷派遣留洋学生事宜获准，即着手选调出洋人员。是时，日寇每每侵扰福建近海，防务紧要，船政学堂欲尽选优秀之生出洋留学，又恐人才尽去，家中空亏，难以应事。

邓世昌闻情，再三斟酌，终定顾全大局之意，决计放弃留学之机，依旧留守海疆，遂将心意上陈学堂。学堂官长闻听，颇觉意外，又见邓世昌言辞恳切，心意坦

# 中华爱国人物故事
ZHONGHUA AIGUO RENWU GUSHI

邓世昌塑像

然，乃将情节上报船政大臣。沈葆桢正在为海防之事犯难，闻情深为邓世昌襟怀所感动，乃准其留闽，调任"振威"炮舰管带，代理"扬威"快船管驾，荐保守备，加都司衔。此后，又历任"海东云"舰、"振威"舰、"飞霆"舰等兵船管带。

只因外夷屡屡侵略，而大清海防薄弱，1879年（清光绪五年），清廷遂决计兴办水师，强固海防。于是，召集群臣，拟就《大清水师章程》，议设北洋、东洋、南洋三大水师，以御外侮。

且说清廷兴办海军之举，叫各路水师官兵心热。此时恰逢林泰曾留洋归来，将西洋先进之学，带传于学堂诸生。邓世昌则习兵练船不辍，巡游福建近海领域无间。邓世昌、林泰曾二人，深得船政大臣沈葆桢器重。然而，天有不测风云，人有旦夕祸福。就在沈葆桢雄心勃勃，欲兴办海军、强固海防之时，却不幸身染重症，阖然而逝。噩耗传出，学堂师生无不悲痛万分。

此时，直隶总督李鸿章本为兴办海军一事煞费苦心。原来福州船政学堂多年来办得颇为响亮，为清政府上下刮目相看，而身为船政大臣的沈葆桢也备受褒扬。兴办海军，是沈葆桢先行了一步。如今，由沈葆桢和李鸿章二人统办，理应以福建为基础，以沈葆桢为要重。如此北洋如何兴盛？李鸿章冥思苦想，不知如何举步。忽闻沈葆桢病逝，李鸿章欲哭无泪，欲言无声，神色变幻莫测，许久方干号一声："沈兄，你去得好早！海军大事，李某一定替你办好！"如是，大清海军之筹划，遂专属李鸿章一人。

不久，清政府下旨先创北洋水师。李鸿章于天津大沽设置水师营务处，广为招募海军人才。闻听邓世昌熟悉管驾事宜、林泰曾学有实得，为水师中难得之才，乃调赴北洋差委，分任"飞霆""镇南""镇西"等舰船管带。

1877年2月（清光绪

李鸿章

"扬威"号舰船

三年），28岁的邓世昌代理"扬武"巡洋舰大副。3月，福州船政局首次派学生去英国和法国留学，根据邓世昌的全面素质和表现，完全可以选入出洋留学之列，只是因为带船人才紧缺，才让他在国内风涛海浪中锤炼。事在人为，邓世昌虽未正式出国学习，但他作为海军良将，素质是出类拔萃的，所以李鸿章等人几次派他出国去接收新舰。邓世昌在出国接舰过程中，抓紧机会，虚心好学，弥补了未在国外深造的缺憾。

因"海东云"吨位较小，火力较弱，1878年2月（清光绪四年），沈葆桢调29岁的邓世昌任装备5尊前后膛炮的"振威"炮舰管带，并代理"扬武"快船管驾，奉命扼守澎湖、基隆等要塞。其后，邓世昌获荐保守备，加都司衔。

清末，中国海军有南洋和北洋两大水师。沈葆桢以两江总督兼南洋通商大臣的身份主管南洋水师。1879年（清光绪五年），沈葆桢死后，北洋通商大臣李鸿章筹办北洋水师。1880年初（清光绪六年），31岁的邓世昌任"飞霆"舰炮船管带，这是一艘刚从英国买来的兵舰，技术装备比较先进。邓世昌接任后，又学到了不少新的技术。李鸿章为兴办北洋水师，派马建忠去考察、招收水师人才。马建忠奉命前往福建，听到了各方面对邓世昌的赞誉，并到邓世昌所带的"飞霆"舰炮船察看，亲眼见到了兵船管理得井然有序，士卒训练有素，纪律严明，还多次与邓世昌交谈。对此，马建忠给予很高评价。马建忠经考察后，向李鸿章汇报，并推荐邓世昌，说他"熟悉管驾事宜，为水师中不易得之才"。李鸿章也是识才之辈，为了加强北洋水师的指挥力量，同年夏天，李鸿章将邓世昌这个年轻有为的指挥官调到北洋水师。不久，北洋水师又从英国买来"镇东""镇西""镇南""镇

"飞霆"号鱼雷驱逐舰

北"4艘炮舰，邓世昌被调任"镇南"号炮船管带。

邓世昌胸怀卫国壮志，一心钻研舰船技术，并无半点与人争高低的念头。可是水师军官中有很多人忌妒他的才干，找机会排挤打击他。有一次，这4艘新军舰在黄海上巡航。突然，"镇南"号碰礁了。在这危急关头，邓世昌毫不慌张，沉着地指挥舰船脱离了危险。按理说，他救舰除险有功，但清政府却收到了中伤邓世昌的信件，将他撤了职。

有人忌妒他，但也有人赏识他。同年冬天（1880年底），北洋水师在英国定购的"扬威""超勇"两艘巡洋舰完工，统领北洋水师的丁汝昌到英国去接收新买的两

沈葆桢塑像

艘快舰，把邓世昌也带了去。邓世昌在英国大开眼界。他发觉有许多东西自己没有见到过，便抓紧时机刻苦钻研，对于海上战术，尤其注意研究。1881年1月，新订购的军舰安全抵达大沽口，这是中国水师首次完成北大西洋——地中海——苏伊士运河——印度洋——西太平洋航线，大大增强了中国的国际影响，邓世昌因驾舰有功被清廷授于"勃男巴图鲁"勇名，并被任命为"扬威"舰管带。

回国以后，邓世昌指挥舰只的水平更提高了。他指挥军舰在中国沿海巡航，保卫祖国的海疆。那时，日本、法国一直在向中国挑衅、进攻。邓世昌毫不懈怠，甚至其祖父、父亲亡故，他也没有回家守孝。

1880年，清政府大力筹办北洋水师。北洋大臣李鸿章久闻邓世昌"熟悉管驾事宜，为水师中不易得之材"，便将他调到北洋水师，任"飞霆"舰管带。不久，清政府向英国订购的"镇东""镇西""镇南"和"镇北"4艘炮舰抵华。为加强北洋防务，4艘军舰全部拨给了北洋水师，邓世昌又被调任"镇南"舰的管带。

话说这年秋季，北洋水师新聘任的总教习英国人葛雷森率上述4艘军舰巡弋渤海和黄海。秋季的渤海、黄海正是风大浪高之时，4艘400吨级的"镇"字号炮舰在大海中航行犹如一叶扁舟，一忽儿被抛上浪峰，一忽儿

北洋水师"超勇"号巡洋舰

又被撤下浪谷。一连几天在风浪中的强烈颠簸，水手们个个都吃睡不好，疲劳憔悴，待军舰行驶到黄海北部的海洋岛吐，才有了轻松之色。因为眼前的海洋岛上有多座高大的山峰，它们挡住了强劲的秋风，使海洋岛湾风平浪静，成为舰船锚泊停靠的理想之所。可就在这时，只听"嚓"的一声尖响，一件意想不到的事情发生了——"镇南"舰触礁了。这突如其来之事，顿使"镇南"舰上的水手们惊呆了，一个个都惶恐地看着上任不久的邓世昌，为他捏着一把汗，企盼他能将军舰救出，否则后果将不堪设想。众目注视下，只见邓世昌沉着镇定地伸手拉响了警报，然后就以他高超的指挥水平和娴熟的驾驶技术，使"镇南"舰即刻离礁脱险，从而避免了一场军舰毁损的重大事故。

## 驻防刘公岛

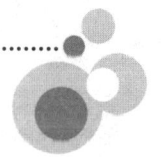

且说北洋水师,因未设船厂,故迟于南方使用兵船。及至1871年(清同治十年),李鸿章任直隶总督时,方谘商两江总督曾国藩道:"北洋之口,洋面辽阔,向未设巡洋水师。而天津为京师门户,各国商船往来辐辏,英、法、俄、美皆常有兵船驻泊,我亦必须有轮船可供调遣,稍壮声势。"商调沪局所造"操江"轮赴津,为北洋巡海望疆。

曾国藩乃李鸿章师长之辈,二人情意不菲,岂有不充之理?于是,"操江"轮驶入北洋,竟日巡游海上,时为北洋唯一兵轮也。李鸿章颇为得此兵轮而心喜,每每亲临海岸,手捋髭须,笑眯眯观赏"操江"出入巡游。愈看愈觉得兵船之好,有心再添新船,乃谓身边官员道:"此船虽好,然形只影单,甚是孤怜,倒叫外人嗤笑。便是山雀水鸟,亦是成群结队,飞来飞往,何况兵轮乎?

> "万年青"号是艘单缸往复机的蒸气运输船，排水量1370吨，时速10海里、火炮4尊。

日后但有我轮入津，须往查看，凡合目者，则报我调留于津。"身边官员唯唯称诺。

翌年春，马尾船厂所造"安澜""万年青"两艘兵船运解赈米抵达天津，李鸿章闻讯，催着天津海关道员、天津机械局道员前往查视。两道员得令急忙赶往海口，却见这两艘兵船或船身过大，或吃水较深，均于津郡口不相通宜，方才作罢。过得数月，又有马尾所造填海轮抵达天津，李鸿章再次派遣道员前往视察。道员见此轮船身坚固，炮位精准，实系兵船样式，且轮船吃水尺寸，出入天津口亦为便利，遂回报于李鸿章。李鸿章闻情大喜，忙奏准调拨北洋留用。自此，北洋拥有"操江"、"镇海"两舰方才成对。

　　1875年（清光绪元年），清政府迫于国外海军日强之势，决计发展大清海军。李鸿章趁此良机于英国订购炮舰4艘，曰"龙骧""虎威""飞霆""策电"。两年后，4艘舰船先后来华，北洋海防力量大增。1879年（清光绪五年），南洋向英国订购之"镇南""镇北""镇东""镇西"4艘炮舰来华，李鸿章闻知，即令4艘舰船抵达天津验查。但见4艘炮舰不仅外观崭新，而其其性能皆超过"龙骧""虎威""飞霆""策电"4艘兵船，李鸿章遂将"镇南""镇北""镇东""镇西"4艘炮舰调拨南洋听候差遣。至此，北洋沾了李鸿章的光，兵舰从无到有，自少至多，数年间一跃而成为诸水师中兵舰、炮舰最强者。

　　自打丁汝昌率领林泰曾、邓世昌等人前往英国接回"扬威""超勇"二舰，停泊天津大沽口，当地百姓无不称奇、称赞。这两艘炮舰与原先诸舰相比，犹如羊群里闯进两只猛虎，很是显眼，引来众多参观者。加之"振中""振边"两艘兵舰抵达大沽口，眼见得大小舰船业已十数艘，北洋水师像个样儿了，水师高层和朝政大臣却为一事犯愁。为的哪桩？便是为水师驻泊一事。天津乃京畿之门户，清政府自是希冀津门安宁，北洋太平。水师之首要防务即是辖控北洋，守卫津门。而北洋之门户，

又在胶东、辽东半岛之间。胶东、辽东半岛隔海相望，遥不过100海里，只似一双巨擘，环抱渤海，实乃北洋扼要之地。水师但守胶东、辽东海门，既守住渤海，守住津门，又守住京都。如此，北洋水师泊驻胶东、辽东海口最为适宜，清政府遂定以胶东、辽东之威海卫、旅顺口为水师驻泊之地。之后，又以旅顺属于北方寒地，风急温低，而水师官兵多为南方人，不耐寒冷，便将威海卫定为北洋水师常泊之地，旅顺口为水师舰船维修养护之所。威海卫取"威震海疆"之意，名曰其实，领左、前、后三所，属于宁海州。明永乐元年，威海卫建城，城墙筑以砖石，高3丈，宽2丈，四设东、南、西、北门。威海卫自此以海防重镇而闻名遐迩。此次清廷相中此地，欲驻防水师，实为明智之举。

且说北洋水师欲以威海卫为驻泊之地，督操丁汝昌

刘公岛上的邓世昌塑像

派遣"扬威"快船副管带邓世昌、"镇中"炮舰管带林永升,前往威海卫视察北洋水师水陆情况。邓世昌、林永升二人实乃清末水师出色将才,一向以心细、胆大、技高而为人称道、为人所服。丁汝昌此番前往威海卫,但见此处港阔水深,群峰揽报,又有刘公岛作为天然屏障,实为难得良港,心下好不欢喜,遂将山高谷低、城郭水岸、航道流情等诸多事项一一测记,毫无粗疏,尤其将刘公岛向位地理、高矮方圆、距岸远近等诸多数据,描画县为详细。邓世昌、林永升二人视察完毕后,返回天津大沽口,将所见所闻报告给丁汝昌。

丁汝昌听完邓世昌、林永升二人的汇报,又详细翻阅笔录,但见比早先所制的"威海卫水陆详情录"更为详尽,甚觉满意,当即拟就北洋水师移驻威海卫章法,并报请李鸿章批示。不久,李鸿章同意了丁汝昌的奏报,丁汝昌遂亲率舰船赶往威海。一路上,大大小小的舰船按顺序行驶,龙旗飘飘,浩浩荡荡,景观甚为宏大客观,直叫丁汝昌豪情陡长,壮志倍增,誓言将要造就威武强大的北洋水师,固守华夏海疆。

话说北洋水师驻泊威海卫,当地百姓无不欢欣鼓舞,纷纷送来米粮菜食,以表示慰问之情。水师官兵遵守上命,一概不收取百姓的钱粮,只急得老百姓坐在海滩上哭啼。丁汝昌得知情况后,深为百姓的举动感动,无奈

之下，只好下令起锚移舰，退至刘公岛近海停泊，方才安心。嗣又率领刘步蟾、林泰曾、邓世昌、林永升、叶祖珪、方伯谦等一班爱将要员，到刘公岛勘察地形地貌。勘察完毕后，众人回到舰上召开会议，丁汝昌叫众人各抒己见。

刘步蟾说："纵观大局，威海卫的确为海防要地，我之舰船泊驻于此，实乃明智之举。而就威海卫而言，刘公岛岂不若人之目，国之门户也。驻泊威海卫，当重于刘公岛。"

方伯谦接着说："此刘公岛之要，诸位有目共睹，方某不做多论，然此岛之美，盖为诸位小觑。吾可依岛之天然，采岛之自然，广建亭台楼榭，园林花圃，来日李鸿章总督大人莅临，亦好有个清闲优美之所。"

"罢，罢，罢。"丁汝昌直言道，"方伯谦所言，不无道理，但是不合时宜也！数十年、数百年后，此岛会

刘公岛炮台

刘公岛上的水师学堂

许如世外桃源仙境般，然而眼下情形，我等且就水师军务事项，多加构想，莫离开了主题。"

叶祖珪说："林永升参将所言设炮台于此岛，实乃必不可少之策。此外，我水师已有战舰十数艘，养护之事非同小可，因刘公岛为因地制宜设置维修之所，当在目前。"

丁汝昌颔首程序，又对邓世昌、林永升说道："正卿（邓世昌）、钟卿（林永升）等到最后，定有不凡之见，该当表明矣。"

邓世昌、林永升相视一笑。邓世昌说道："钟卿才思敏捷，必有惊人之识，还请一言。"

林永升说:"正卿(邓世昌)一向思虑周密详细,无人能比,我便说得只言片语,也免不了你再补全,倒不如你一并说来,省我些口舌功夫。"

丁汝昌说:"也好。邓管带且说说看,倘若有疏漏差异之处,林管带再予以补充便是。"

邓世昌闻听丁汝昌言语,略思片刻,方才说道:"以上诸位同仁所言,皆有其理。邓某浅思陋识,无甚紧要可言,只将些许琐碎小事略作一提。我北洋水师舰船既然驻泊威海卫,则必须有煤炭、水补给之所,舰船养护维修之地,鱼雷炮弹修理之地,云云诸项事物,以保证舰船无后顾之忧。此般军用场所,若能设置在刘公岛之上,实则为舰船便利,有可间离外人,以保安泰无误。"

邓世昌话音未落,林永升立即说道:"了得,了得!当真将我之所想、我之未想,包揽无余,省我一番口舌了。"

丁汝昌欢喜地说:"甚好,甚好!诸位所言,颇有益处,尤其是正卿(邓世昌)一番细论,看似琐碎小事,实则项项紧要。我将集中诸位之思路,拟文行章,上报请批,早建我北洋水师之基地。"

不日,丁汝昌拟就诸章,乘坐舰船返回天津大沽,将威海卫情形,详报于李鸿章,并呈报拟设刘公岛军用设施等诸项图文，请以审批。三日后，批文下来，曰："批建刘公岛屯煤所、工程局、机器局及鱼雷修理厂。"

且说北洋水师官兵在刘公岛外招来工匠一番苦干，数月功夫，即于岛之西南近海处，设筑了工程局、机器局和屯煤所，嗣又增建鱼雷修理厂，以备鱼雷艇队就近保养及修理鱼雷，由此免除了舰船的丁点儿毛病亦需远到旅顺港维修之累。

邓世昌对刘公岛的居民说："民欲安其业，国必安其境，国不泰，则民难安也！如今朝廷设我北洋水师，即为守卫海疆，安邦泰国，使我华夏子孙免受外夷欺辱，安居乐业矣！"

邓世昌塑像

## 接舰驾船显英才

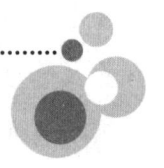

一提起沉没于黄海大鹿岛一带的"致远"舰,人们就会情不自禁地想起其管带(舰长)邓世昌。因为,邓世昌在黄海海战中指挥"致远"舰英勇杀敌、为国捐躯的壮举,国人早已是家喻户晓,妇孺皆知。相比之下,对邓世昌投身海军多年在航海上的一些事,人们却知之不多,这在某种程度上也影响了对他的全面了解。其实,邓世昌不仅是一位名传千古的民族英雄,还是一位擅长测量与驾驶的优秀航海家。

1881年(清光绪七年),32岁的邓世昌十分珍惜赴英国接舰的机会。因为,他从福州船政学堂毕业后,服从水师初建时缺少管带的需要,就开始带船,未能到欧洲留学深造。此次到英国接舰,他努力学习加以弥补。他利用各种机会游历英国的著名工业城市,看到了机器大生产的宏伟壮观场面;他游历了英国海军的主要基地、

"致远"舰

港口，看到了一艘艘各种巨型战舰，领略了世界上最强大的海军是什么模样；他学习研究了英国皇家海军的规章制度和练兵之法，看到了北洋舰队在训练和管理上的巨大差距；他学习研究了英国海军的发展历史，尤其是仔细寻找称霸海洋一个多世纪的秘密。他到了格林尼治，参观了英国皇家海军学院。这座旧日的王宫，如今是世界海军的圣殿。船史陈列室里模型铁舰、三桅帆舰，以至古老的单层甲板木船，浓缩了人类征服海洋和在海洋上进行过鏖战的历史。在回廊的墙上，他看到了英国历代海军将领的油画像，最著名的是曾数次击败拿破仑舰队和一举歼火法兰西联合舰队、赢得特拉法尔加角海战胜利的纳尔逊。他还专程去过伦敦的特拉法尔加广场（俗称鸽子广场），瞻仰了海军名将纳尔逊高大而逼真的

北洋水师"威远"号练船官兵

雕塑像。他认真考察西方海军情况，悉心学习外国先进的军事技术和经验，将这些军事装备和训练方法细心地加以研究，取其长，为己所用。8月17日，"超勇""扬威"从英国纽卡斯尔港起航，开始了由英国到中国的漫长航行。这是中国水师首次驾驶军舰航行北大西洋——地中海——苏伊士运河——印度洋——西太平洋航线，经过的沿途各国，始知中国也有海军，均鸣礼炮致敬，这扩大了中国的国际影响。此次清朝水师首次到国外接舰，派出的操舰管带无疑是整个水师中最出类拔萃的。林泰曾操纵"超勇"舰，邓世昌操纵"扬威"舰。"超勇""扬威"两舰回国途中经历了惊险曲折。先是在地中海两舰失散,"扬威"号因缺煤而在海上漂流了两昼夜,"超勇"号获讯后去寻找接应。过苏伊士运河时,"超勇"号的螺旋桨义触礁碰坏,经修理才继续航行。至10月15日,两舰终于到达香港,历时61天。之后,两舰驶入江南制造总局,进行坞修。在上海经过整修后,"超勇"号、"扬威"号于11月22日驶抵大津大沽口。邓世昌因驾舰有功被清廷授予"勃勇巴图鲁"勇名,赏戴花翎,以都司补用,并被任命为"扬威"舰管带。此次出洋,他不仅扩大了眼界,由于潜心钻研,增加了学识,"益详练海战术",而且最大的收获是在思想认识上发生了重大变化。

　　已是第二次出国接舰带船的邓世昌,此时已被大家公认是一个"西学湛深""精于训练"的海军专家。舰艇远航训练是海军官兵的必修课,特别是到深海人洋中去摔打。邓世昌认为,接舰实际上是不可多得的最好的远航训练,所以在接舰回国途中,积极组织海军将士认真进行海上训练。38岁的邓世昌在归途中因劳累过度,发了寒热。但他对自己要求很严格,作为管带,不论在何种情况下,都要对全舰的安全负全部责任,要坚守自己的岗位。于是,他撑着虚弱的身体,一步步艰难地走上驾驶台,"扶病监视行船"。

舰船验收完毕后，邓世昌将其一起驶回中国。在途中，屡次出现风暴的侵袭，舰队的处境非常危险。但邓世昌却觉得，这不仅是考验舰只质量的好机会，也是锻炼自己指挥技能的好机会。因此每当风暴来临，狂涛骇浪猛烈地扑打舰只时，他就冷静地站在指挥塔上，指挥全舰水兵与风浪搏斗。

风浪平息，邓世昌却并不停息。他又指挥水兵进行种种操练，使水兵们熟悉各种海上技术。每天，舰上要出现好几次紧急命令，水兵们刚做好抵御敌舰的准备，又看见准备进攻的旗帜升起来了……

不仅如此，邓世昌还带领全舰官兵在沿途进行不间断的各种操练，"终日变阵必数次"。操练的内容和科目，完全是实战可能发生的，符合战斗的需要，邓世昌要求正规化操练："时或操火险，时或操水险，时或作备攻状，时或作攻敌计，皆悬旗传

邓世昌铜像

"镇远"号铁甲舰(模型)

令。"在邓世昌以身作则的激励下,舰船将士"莫不踊跃奋发,无错杂惊恐状"。

邓世昌在操练时,对水兵的要求非常严格,但平时却平易近人,很关心水兵的生活。所以,虽然屡次经历风暴的袭击,他们兵舰上没有一人死亡,水兵们也都十分信服这位年轻有为的管带。

军舰抵达厦门时已是冬天。由于北洋封冻,这4艘军舰就留在厦门进行操练。第二年开春后,它们才驶到大沽。因接舰有功,邓世昌升副将,获加总兵衔,兼任"致远"舰管带,邓世昌与此舰相终始。

"致远"舰、"靖远"舰、"经远"舰、"平远"舰，这4艘军舰是当时中国最先进的。它们的到达，是北洋舰队的一件大事。再加上其他18艘军舰，编成了北洋舰队，由丁汝昌任海军提督。邓世昌感到责任重大，更加刻苦钻研技术，以提高自己的指挥水平。

邓世昌没有去西方正式学习过，但他随时留意西方国家海军发展的情况，吸收它的长处，操练自己的战舰。他长期住在舰上，对舰上的一切事了如指掌，对舰上的水兵，也十分爱护。当时军官压迫士兵很普遍，邓世昌却能够关心水兵，所以水兵们十分敬重他。

在几个月的归航途中，邓世昌还多次指挥北洋水师的官兵们沿途操演海战的各项科目，"终日间变阵必数次"，"时或操火险，时或操水险，时或作备攻状，时或作攻敌计"，使全体出洋将士得到了很好的锻炼。时人著文说"邓军门督率诸艺士，使船如使马，鸣炮如鸣铺，无不洞合机宜"，这确是公正恰当的评价。在邓世昌等人的指挥下，"致远"等4艘军舰官兵一路搏击风浪，行经大西洋、印度洋和太平洋，战胜了重重艰难险阻，终于在1887年冬顺利驶抵福建厦门，圆满地完成了接舰回国的使命。

不久，李鸿章亲自来视察这支新式舰队的操练。邓世昌平时刻苦训练的成绩，在操练时表现出来了。观看的人连声叫好，称赞他指挥兵舰行进如同骑马驰骋，指挥开炮好比弯弓射箭，动作恰到好处，没有一处不合时机。李鸿章也看得十分高兴，事后向朝廷写了一份报告，要求赐给邓世昌"勇士"的称号。

1888年春，"致远"等4艘军舰在渤海坚冰融化后，又北上到达了北洋水师驻守的天津大沽口。北洋水师由于增添了"致远""靖远""经远"和"来远"这4艘全新的战舰，实力大增。同年9月，北洋水师正式成军，成为世界闻名、亚洲首屈一指的大舰队。邓世昌亦因从欧洲接舰回国有功，被奏以副将补用，加总兵衔，管带"致远"舰。从此，他就驾驶着"致远"舰驰骋祖国的万里海疆，直到1894年9月17日在中日甲午海战中壮烈牺牲。

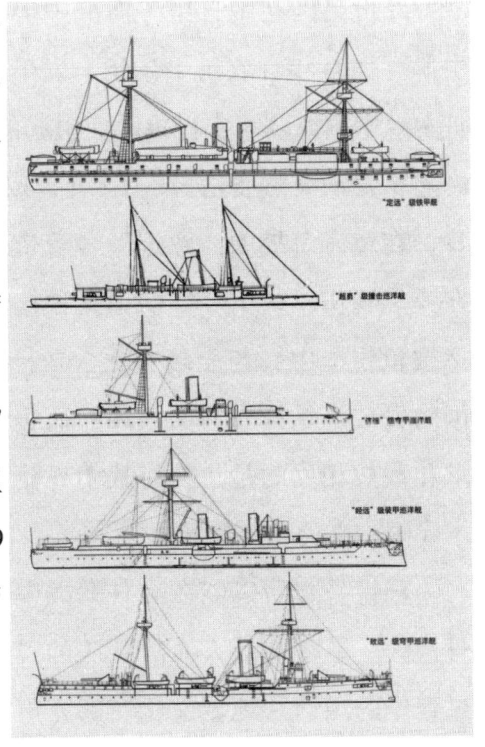

北洋水师主力战舰一览图

## 北洋水师名将

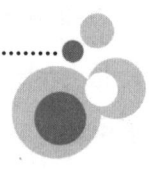

邓世昌因在中日甲午海战中突出的英雄气概而名垂史册。1894年（农历甲午年）发生的中日战争，是由于日本对中国海陆军实行挑衅而引起的。7月，日本对中国海陆军发动突然袭击。8月1日，双方正式宣战。9月17日，在黄海海战中"致远"号管带粤籍海军名将邓世昌在弹尽舰伤，仍下令加快速度猛撞敌舰"吉野"号，不幸被鱼雷击中，与全舰官兵250人壮烈牺牲。海战以中国的失败、签订《马关条约》而告终，但与清政府屈膝求和截然相反的是，在海战中粤籍海军名将邓世昌书写了爱国主义的伟大篇章。

邓世昌之所以能在对日海战中表现出大义凛然、铁骨铮铮、敢于与敌人血战到底的民族气节，这与他成长过程中的国情、地域文化、家庭熏陶及所受的教育是分不开的。

国家危机四伏使邓世昌忧国忧民。邓世昌生于1849年。那个年代，中国正处在封建社会末期，大清帝国统治走向衰落，政治腐败，军备废弛，财政困难。此时清政府没有认清自己国家的弊端进行革新，而是沉陷于天朝大国、礼仪之邦、宗法不变的迷梦里，陶醉于自大、驰惰的文化氛围中。而此时，世界资本主义正在进行工业革命，蒸汽机的发明和使用，极大地提高了社会生产力，资本主义在它不到100年的统治中所创造的生产力，比过去一切时代创造的生产力的总和还要多，社会商品极大地丰富起来。随着航海技术的发展，资本主义国家为了开辟国外市场，推销工业品，掠夺廉价的工业原料，积极对外侵略。马克思曾把当时中国的现状、结局称之为"奇异的悲歌"。"一个人口几乎占人类三分之一的大帝国，不顾时世，安于现状，人为地隔绝于世，并因此极力以天朝尽善尽美的幻

想自欺。这样一个帝国注定最后要在一场殊死的决斗中被打垮。"积贫积弱的东方大国——中国成了帝国主义的一个重要的侵占目标后,帝国主义就用坚船利炮把中国的国门打开,随之长驱直入,并用武力迫使清政府签订了一系列丧权辱国的条约,使中国社会从一个封建大国逐步沦为半封建半殖民地社会。邓世昌12岁随父亲到上海,其间常到外滩,看到沿江一幢幢鳞次栉比的西式楼房,全是英、俄、美、法等国的领事馆、教堂和各式各样的洋行。黄浦江边,他看到挂着各种旗帜的外国军舰在中国海口、内江任意进出,横冲直撞,畅通无阻,慨然叹道:"中西互市久远,人曰驭风涛,稔知我国厄塞。若我国不以西法练海军,一旦强邻肇衅,何以御之?"从这里可见邓世昌在少年时就以敏锐的眼光忧虑"强邻肇衅",忧患意识溢于言表。

岭南濒临南海,面向太平洋,处在东南亚海上交通要冲,是中国与南亚、西亚、非洲、欧洲等取得海上联系的最近通道,岭南百姓在与惊涛骇浪的搏击中形成了英勇、顽强、一往无前的精神。广州，历来是中国最重要的对外通商口岸之一，在清代还曾是唯一的外贸口岸，蜿蜒曲折的珠江穿过全城，沿江帆樯林立，舳舻相接。两岸车水马龙，商业发达，号称万商云集、商贾辐辏。历史上，广州在鸦片战争中首先遭遇外国侵略者入侵，三元里人民焕发民族气节，高举爱国主义旗帜，驱逐英军。广州群众把鸦片船叫"鬼船"，在外国人居住的商馆门前示威，强烈要求禁烟。邓世昌从小生长于广州，广州人这种爱国、务实、开拓、英勇无畏的地域人文精神熏陶着邓世昌，使他在择业时暗暗下定"苟利社稷，死生以之"的决心，把国家的海防安全与自己的理想追求

广州邓世昌纪念馆

结合在一起,投身北洋海军。

邓世昌出生于广东番禺县龙导尾乡(今已划入广州市海珠区)一个殷实商人家庭,父亲邓焕庄专营茶叶生意,曾于广州、天津、上海等地开设祥发源茶庄。邓焕庄为儿子起名"世昌",希望事业兴旺、家道昌隆,期盼时世好转、政治昌明。但事实上,邓世昌却成长于一个命运不济、生不逢时的时代。邓世昌生于两次鸦片战争之间,长于国难战乱之中。鸦片的侵袭,使邓氏家庭每况愈下。这种环境使邓世昌自幼感受到国弱民贫、落后就要挨打,只有发奋图强,国家和人民才有出路。邓世昌从懂事的那天起,就在父亲膝下聆听了民族英雄林则徐在虎门销烟的伟大壮举,读过描写第一次鸦片战争中英国侵略者在广州沿海地区制造苦难的书籍。耳闻目睹了国家贫弱的现实,加上开放师夷、竞争图强的思想影响,使他埋下了救国救民的种子。

鸦片战争后,中华民族已经开始逐步结束自我陶醉的盲目状态,认识到中国比列强军事弱、中国比列强经济穷,提出了"自强""求富"的口号。此时,邓世昌的父亲没有像其他商人那样通过经商致富,而后供养子孙读书、考取功名而致身通显、荣宗耀祖,而是让邓世昌潜心经世致用之学和西方科技实业之学,进入新式海军学堂。邓世昌的父亲这种胆识、气魄,蕴涵了他的远见卓识和勇于开拓创新的精神。父亲的教育使邓世昌在福州船政学堂攻读的5年中，自始至终，发奋学习，自强不息，各门功课考核皆列优等。邓世昌"凡风涛、沙线、天文、地理、测量、电算、行阵诸法，暨中外交涉例文，靡不研究精通"。正因为如此，福州船政大臣沈葆桢很看重他，称赞他是船政学堂中"最伶俐的青年"之一。尤其在随"建威"舰到南洋的实习中，邓世昌表现出实际驾驶、管理舰船的很高的素质和技能，深受外教的好评。

广州邓世昌纪念馆

## 爱国情操铸海防

"爱国主义就是千百年来巩固起来的对自己祖国的一种最深厚的感情"。邓世昌海防观中最值得称颂和讴歌的是爱国情操。

爱国主义精神中华民族是一个富有情感、注重骨肉之情的民族,其向来以"孝悌为荣,以非孝悌为耻"。"如欲平治天下,当今之世,舍我其谁也"(《孟子·公孙丑下》),"先天下之忧而忧,后天下之乐而乐"(范仲淹《岳阳楼记》),"保天下者,匹夫之贱,与有责焉"(顾炎武《日知录·正始》),所有这些都是胸怀祖国的爱国主义精神的表征。每当中华民族面临生死存亡的紧急关头,仁人志士总能以民族与国家全局利益为重而暂抛开骨肉之情,力挽狂澜。甲午海战中,邓世昌能不畏强敌、勇往直前、甘洒热血,视死如归,就是具有这种精神。邓氏宗祠里有一副对联:"龙跃云津凤鸣朝日,桂

广州邓世昌纪念馆

生高岭莲出绿波。"据传,是邓世昌青年时代的手笔。从这副对联可以看出青年的邓世昌就具有崇高的情操和远大抱负。

有记载说邓世昌青年时"性沉毅,留意经世之学"。他从现实生活的观察和亲身体验中,逐步确立了自己的爱国思想。1867年,邓世昌考入福州船政学堂,由于受"自强"思潮的影响,船政学堂的学生是在爱国主义教育思想的熏陶下成长起来的。在教学中,学堂特别强调学生独立地掌握造船和航海技术,要求"必尽悉洋人制造、驾驶之法","能管驾铁甲兵船,调度布阵",而"不藉外

人"。4年的学堂生活,对邓世昌爱国主义思想起了一定的培养作用。邓世昌成长为一位爱国将领和民族英雄,与他关心祖国命运和同情人民群众是相联系的。至今流传邓世昌青年时代的一首诗作:"南楼高耸入云霞,四面江山壮观吟,傍晚一城空寥廓,炊烟浓处几家人?"反映了他热爱祖国壮丽河山和感叹帝国主义侵略下家园残破荒凉的思想感情。

道与义是中华民族行为准则和精神境界。在民族处于危急关头,仁人志士抛头颅、洒热血,保持自己的节操与民族、国家大义。孔子曰:"朝闻道,夕死可矣!"《论语·里仁》还说:"三军可夺帅也,匹夫不可夺志!"《论语·宪问》就是讲的人贵有志,人们只要有了坚定的志向,执着地追求真理,掌握真理,即使以死作为代价,也是值得的。孟子曰:"我善养吾浩然之气。"什么是浩然之气?"其为气也,配义与道。"(《孟子·公孙丑下》),浩然之气必须是与义和道相配合。一个人只要养成了浩然之气,那么他就必然有"威武不能屈"的大丈夫气概。甲午海战中,邓世昌面对强敌宁死不屈,舍生取义正是具有这种崇高民族气节。

甲午海战开战2小时左右,北洋舰队处境极为不利,在"致远"舰背腹受敌的危急时刻,管带邓世昌激励将士:"吾辈从军卫国,早置生死于度外,今日之事,有死

丹东大鹿岛中华民族英雄邓世昌墓

而已！""吾志靖敌氛，今死於海，义也，何求生为？"于是，全舰官兵勇气倍增，在"阵云缭乱中，气象猛鸷，独冠全军"。在旗舰"定远"遭到日本号称"帝国精锐""吉野"等4艘军舰的严重威胁时，邓世昌当机立断，下令"开足机轮，驶出定远舰之前"，迎战敌舰，面对骄横无忌的"吉野"，邓世昌决定与之同归于尽。在鼓轮怒驶冲撞日舰时，"致远"舰中鱼雷后顷刻沉没，邓世昌虽有救生圈和扎杆可以生存，他却"宁为玉碎，毋为瓦全"，随着波涛而去。

忧患意识是人类从实践中升华出来的一种思维方式，

是在不断变化着的社会实践中，面对各种矛盾和潜在的危机，逐渐积累并发展起来的对国家和民族命运产生危机感。它体现"天下兴亡，匹夫有责"的历史使命感。每当帝国主义列强侵入中国，忧患意识便成为激发志士仁人和一切爱国者抗击侵略，维护国家独立力量源泉。邓世昌就是这样一位自觉关注国家和民族命运、维护国家尊严的近代民族英雄。邓世昌在治军中，怀有强烈的忧国忧民的忧患意识。经常在官兵面前说："在军激扬风义、甄拔士卒。遇忠孝节烈事，报口表扬，凄怆激楚使人零涕。"号召官兵向爱国志士仁人学习。他对官兵亲如手足，同甘共苦，不武断专横，以一片爱国热忱唤起他们的爱国情怀。他教育官兵认识死的意义："人谁不死，但愿死得其所耳……""吾辈从军卫国，早置生死于度外……""然虽死，而海军声威弗替，是即所以报国也！"多么感人啊！只有深怀爱之心，深感国家危亡的人，才能发出这些震耳欲聋的声音。邓世昌忧患意识还表现在"治事精勤"。1880年底，当他第一次被派到英国接"超勇""扬威"两艘快船，他利用这次机会游历英国海军的主要基地、港口，参观英国皇家海军学院，研究英国海军的发展历史，还专程去伦敦的特拉法尔加广场，瞻仰海军名将纳尔逊高大的雕塑像。在参观英、法、德各国海军营垒时，悉心学习外国先进的军事技术和经验，将这些国家的军事装备和训练方法细心地加以比较，各取其长，为己所用。回国后，他向炮船督操丁汝昌建议改革阵法。

邓世昌是中国近代史上一位民族英雄，集中国传统的精忠报国思想与近代科学技术知识于一身，不愧为中国近代军人的楷模，不愧为岭南人民的先贤。虽然他的一生短暂，但是他的英名和光辉业绩却永垂青史、流芳千古。岭南人民将永远怀念他。

丹东大鹿岛中华民族英雄邓世昌墓

## 甲午风云起

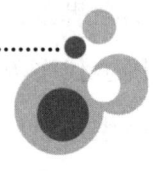

日本明治维新伊始，就确定了对外扩张的军国主义国策。1868年3月14日，明治政府公布施政纲领《五条誓文》。同一天，明治天皇发表《宸翰》（御笔信），其中说："朕安抚尔等亿兆，终欲开拓万里波涛，布国威于四方，置天下于富岳之安。"接着明治政府便提出了"大力充实军备，耀国威于海外"的方针。当时日本侵略朝鲜的原因，一是日本发展资本主义的政策使下级武士陷于困境，他们对政府不满，纷起叛乱，政府为安定内部，决定外征，把矛盾转向国外；二是列强对日本四周的争夺已经开始，为自身安危，有必要在俄国南下之前侵占朝鲜，作为侵略中国的跳板。

日本幕府末年，有许多人主张侵略朝鲜。维新前，幕府不能直接向朝鲜派遣使节，贸易限于日本设在釜山的倭馆。维新后，日本想打破这个惯例，一再派人到朝鲜交涉通商，但被朝鲜一口拒绝。后来日本派兵舰去调查登陆地点，并决定自由贸易。朝鲜就在倭馆门前贴出布告，禁止日本人搞走私贸易。日本以"侮日""无礼"为口实，掀起侵朝浪潮。

1875年9月，日本终于迈出侵略朝鲜的第一步。日本兵舰"云扬"号侵入朝鲜江华岛附近，向守卫该岛炮台的朝鲜军队寻衅，挑起战端。并进一步登陆占领炮台，烧永宗城，杀朝鲜兵，劫其军械而去，制造了江华岛事件。

日本为试探清政府的态度，派副岛种臣到北京，向总理衙门问道："朝鲜是否中国的属国？若是属国，则应该主持朝鲜和我国通商。"总理衙门回答道："朝鲜是我国藩属，但内治外交听其自主，我朝向不与闻。"副岛种臣听了此话高兴极了，回国将中国政府的这种态度向政府禀报。明治政府觉得

清代光绪通宝（正面）

清代光绪通宝（背面）

时机已到，便以开拓使长官黑田清隆为全权大臣，议官井上馨为副使，赴朝鲜谈判。1876年2月，强迫朝鲜订立了《江华条约》。其主要内容是：一、朝鲜为独立自主国，礼仪交际皆与日本平等；二、互派使臣，并开元山、仁川两商埠通商；三、日本可以自由测量朝鲜海岸；四、日本享有领事裁判权。这个条约给朝鲜埋下了祸种，因为条约中规定"朝鲜为自由之邦"，破坏了朝鲜和中国的关系，以使将来日本据朝鲜为己有时可以排除清政府的干涉。

1882年7月30日，日本驻朝鲜办理公使花房义质由长崎拍急电给外务卿井上馨。电文说："本月23日下午5时，有'暴徒'数百人，突袭我公使馆，矢石枪弹如雨。虽经馆员等捍卫7小时，终因朝鲜政府无兵来援，至夜12时义质等只得保卫着国旗突围而出，前往王宫，但宫

江华岛

门已锁，竟不得入，乃转路到仁川府。正在公堂休息时，府兵又蓦然来侵，义质逃至济物浦，搭乘小艇浮海。26日在南阳海面遇英国测量船'飞鱼'号，乃得遇救，移乘该船于本日到达长崎。义质等谨在此听候命令。"

原来，此次日本公使馆被袭事件是朝鲜国王的生父大院君挑拨练兵局的士兵所引起的。朝鲜政府欠发练兵局的军粮已一年，到本年6月才发给一个月的粮食，而且米都是陈腐的。士兵大怒，告诉军资监，并殴打司库人员。司库捉住了旗总（下士）4人，士兵便问武卫都统使李景夏和壮卫大将申正熙，但均答不知此事，未予处理。于是士兵向大院君直诉。大院君与守旧党相谋，认为此乃打击开化党的大好时机，便对士兵说："你们所诉，听我审理。你们应先诛诸闵（即闵妃一族），并杀日本人。"这样就煽动了兵变。于是，京城立即骚动起来，士兵和人民冲入宫阙，袭击闵台镐等的住宅和日本公使馆，这就是所谓的"壬午兵变"。

井上馨接到义质的急电，立即请示内阁。内阁知事急，即命井上馨驰至下关处理此事，又命海军卿川村纯义派遣军舰4艘赴朝鲜，伺机行事。8月7日，井上馨在下关给花房义质训令，命他返回朝鲜。

其训令如下："若是'暴徒'再逞'凶乱'，对我有

签订《江华条约》的场景

意外侵犯，不问朝鲜政府的处置如何，不妨以我护卫军队加以充分镇压。但由于未向朝鲜政府宣战，镇压只限于保护自身的安全与进退。此时使臣仍应保持和平的地位。若是朝鲜政府故意包庇'凶徒'而不加处分，或不肯谈判，只有致以最后通牒，声明彼国的罪名，然后与海陆军共同退到仁川港，占据适当地点，并迅速将事件情况上报，以待政府指示。若是清国或其他各国前来干涉，要求调停仲裁时，可答以未奉政府接受外国干预此事的命令，予以明确拒绝。若是朝鲜政府确无伤和之意，可与彼国相当的高级官员议签能达到要求和保证的条约。"

1882年8月30日，日方代表花房义质和朝鲜代表李裕元、金宏集在济物浦临时会馆会见，进行签名盖章，互换约款，《济物浦条约》正式订立。该条约共六款，另有续约两款，其内容除惩办'凶徒'，向日本谢罪，赔偿兵费50万元和抚恤金5万元，以及死难者由朝鲜国礼葬以外，还规定"日本公使署兵员若干备警事"，"任听日本公使、领事及其随员眷从游历朝鲜内地各处"。这样，日本以保护使馆为名，获得了在朝鲜的驻兵权。

清光绪年间（1875—1908年），中国海军有北洋、南洋及广东三支舰队。南洋及广东舰队皆较陈旧，直隶总督李鸿章所创办的北洋舰队最为新式，拥有10厘米口径大炮的战舰、装甲巡洋舰、轻捷巡洋舰和鱼雷艇约22艘以上，以英国海军军官琅威理为顾问，丁汝昌为提督。1894年北洋舰队举行第二次检阅，恰逢慈禧太后六十寿辰，所以这次检阅办得特别盛大，朝廷特派李鸿章和督办东三省练兵事宜都统安定主持。

5月7日，李鸿章带领山东登莱青道刘含芳、前任津海关道刘汝翼、直隶候补道袭照与、天津营务处总兵贾起胜、津海关道盛宣怀、军械局总办张士珩等乘"海晏"轮，至咸水沽登陆，赴小站。次日在小站检阅陆军。

5月9日，李鸿章一行到达大沽口，由海军提督丁汝昌率领的北洋舰队早已在那里等候了。在大沽口，北洋舰队有"定远""镇远""济远""致远""靖远""经远""来远""超勇""扬威"9舰，还有记名总兵余雄飞率领的广东舰队之"广甲""广乙""广丙"3船，以及记名提督袁九皋和总兵徐传隆分率的南洋舰队之"南琛""南

北洋舰队

瑞""镜清""寰泰""保民""开济"6船。另外，北洋舰队的"威远""康济""敏捷"3艘训练船已先赴旅顺等候。

10日，全体舰船乘落潮出海，沿途行驶操演，不时改变阵形，或雁行或鱼贯，操纵自如。李鸿章在甲板上观看，屡屡捋须点头，表示满意。正当李鸿章陶醉时，远处有一艘兵舰随尾而来，旗帜看得很清楚，舰上悬着太阳旗，是一艘日本兵舰。原来日本探悉北洋海军演习，特派"赤城"号随尾观看，还打着致礼的旗号。而北洋舰队当局始终不警惕，任其跟随。

11日，舰队驶抵旅顺，安定已先一日到达。15日抵大连湾。17、18两日进行鱼雷和大炮演习，鱼雷均能命中，大炮中靶率也在七成以上。

19日，全部舰只到威海卫，部分兵舰登陆，演习陆上枪炮阵法，变化灵活，敏捷利落。还调集南北各船，各挑水军枪队20名打靶，每名射击3次，均能全中。接着"威远""敏捷""广甲"3船操演风帆，既快又灵活。博得大家的喝彩。当晚全舰队万炮齐发，进行实弹演习，受到英、法、俄、日四国来宾的盛赞。北洋海军检阅至此结束。

然而，就在此次阅兵期间，朝鲜传来了警报。1894年5月8日，小站检阅陆军，袁世凯来电说："韩国全罗道泰仁县有东学党数千，聚众煽乱。现在派洪启薰带兵往捕，求调驻防仁川之'平远'兵船分载韩兵，赴格浦海口登岸，聊助声势。"

东学党原为"东学道"。所谓"东学"就是"东方之学"，与当时的"西学"相对抗。东学道的创始人是崔济愚（庆尚道庆州府人），信徒一般是农民。这个以宗教为外衣的秘密结社，因其迎合民众的愿望和要求，发展很快。1892年，全罗道古阜郡守赵秉甲上任，他是个贪官，民众对他早有不满。1894年2月15日，全奉准率领东学道徒和农民袭击郡衙，驱逐郡守赵秉甲，并打开仓库将钱谷分给农民。起义军以古阜郡的白山为根据地，成立了组织，制定了行动纲领。6月1日起义军入全州城，开仓库将财富分给穷人。这样，全州至公州以南地方归起

义军所有。

东学党占领全州后,扬言即日进攻公州、洪州,直捣王京。朝鲜国王李熙闻奏大惊,立即召开廷臣会议,讨论向清政府借兵问题。1894年6月3日,由内务府参议成岐运携带照会赴中国,正式要求清政府派兵。

李鸿章阅后,便向光绪帝奏请,即日奉到谕旨:"派令直隶提督叶,选带劲旅,星驰往朝鲜全罗、忠清一带,相机堵剿,克日扑灭。一俟事竣,仍即撤回,不再留防。"李鸿章接到这个上谕,于6月4日即调直隶提督叶志超率同太原总兵聂士成、总兵夏青云带兵2465人,先后分坐招商局轮船,由"扬威""平远""济远""致远""操江"号5舰护送,开赴朝鲜。同时电致驻日公使汪凤藻,知照日本外务省,以符前订的《中日天津条约》。

日本自朝鲜东学党起义后,一直关注着朝鲜局势的发展,认为"宣扬国威此其时,百年大计在此一战"。有的军国主义者公然鼓吹灭亡朝鲜。日本政府则连日召开内阁会议,讨论决策。6月2日外务卿陆奥宗光在内阁会议上说:"现在中国出兵了,我国怎么办?"首相伊藤博文不假思索地说:"不问中国用什么名义,我国也必须向朝鲜派遣相当的军队,以防不测,并维持中日两国在朝鲜的均势。"

于是,日本急召回国休假的驻朝日本公使大鸟圭介,

北洋水师"平远"号近海防御铁甲舰

乘军舰"八重山"号赴朝鲜。6月5日,大鸟公使奉命和外务参事本野一郎率领高崎警部及巡查20名离开东京,到横须贺乘"八重山"号于10日到达仁川,即日入京城,由海军少佐向山慎吉率领陆战队400余人护送。大鸟入京城后两天即6月12日,第5师团第9旅团长陆军少将大岛义昌率领混成旅团到达仁川港,13日入京城,接替陆战队担当守卫。

大岛的混成旅团兵力共计8007人,马匹粮草与此相称。当时停泊在仁川港的日本兵舰有"松岛""吉野""大和""武藏""高雄""千代田""筑紫""赤城""鸟海""八重山"号,由海军中将伊东指挥,旗舰是"松岛"号。此时中国军队2465人,于大岛到仁川的前两天即6月8日分三批在牙山登陆。这样,清军驻牙山,日军

驻京城，双方相持，危机四伏！

中国出兵朝鲜后，没有和起义军碰过面，暂驻牙山，静观日方的行动。而日本原想乘机挑起战端，但出其意料之外，京城平静如镜，中国军驻扎牙山一隅，并未向京城移动。在这种情况下，连日本公使大鸟圭介也觉得日本政府派大军驻扎京城便没有理由了。

北洋水师『镇远』号巡洋舰

## 丰岛海战

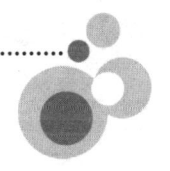

明治政府在拟订侵略朝鲜计划的同时,开始推行向中国侵略扩张的计划。

1894年6月22日,日本举行御前会议。次日,枢密院召开临时紧急会议,明治天皇亲自参加。两会都是讨论日本对中国发动战争的决策。

6月23日,大本营向第5师团长陆军中将野贯道津下令:"第9旅团第21联队长步兵中佐武田秀山率所部赴朝。"于是该联队分乘"住江丸""和歌浦丸""三河丸""兵库丸""酒田丸""熊本丸""仙台丸""越后丸"号8艘舰船于24日由宇品出港,在"浪速"号的保护下开赴朝鲜。28日,该联队在仁川登陆完毕。这样,大岛混成旅团已全部进入朝鲜,大鸟公使可以借此军事优势逼迫朝鲜,否定朝鲜与清政府的原有关系,日本不怕清政府出面了。

总理衙门

面对日本如此猖狂侵略朝鲜，以光绪帝、户部尚书翁同龢、礼部尚书李鸿藻为首的帝党，竭力主张整顿军旅，抵抗日本。光绪帝提起朱笔写道："目前朝鲜事急，若至决裂而后议战议守，势已无及，不可不先事筹备。著李鸿章预为筹划，水陆各军如何分进，粮饷军火如何转运，沿海要口如何防守，一切事宜，熟筹调度，谋定后动，方可迅赴戎机。"

7月14日，也就是日本提出"第二次绝交书"的当天，以慈禧太后、北洋大臣李鸿章、军机大臣孙毓汶、总理衙门大臣庆亲王奕劻等为首的后党，仍然一意主和，一厢情愿要求俄、英调停。

7月16日，《英日航海通商条约》签订。7月17日，日本御前会议决定对中国开战，这无疑是对英国调停的一大讽刺。

7月20日，日本大本营接到石川的情报，刚上任的海军军令部长桦山资纪当天就离开横须贺，到佐世保海军基地传达命令："开赴朝鲜海面，伺机袭击北洋舰队。"

李鸿章当然知道，叶志超只有2000多人，兵力确实单薄，再三筹思，只得移东补西，凑来2300多人，命记名提督江自康等率领，由海路开赴朝鲜增援。李鸿章害怕日本海军中途截击，特地租用英国的"爱仁""飞鲸""高升"号三商船，由清政府承担风险，如果遇难照价赔偿，军火损失由中国自负。考虑到由进海口到牙山登陆还有35海里路程，要行两天时间，而且只能用民船陆续运送，所以决定分批由塘沽出发："爱仁"号于7月21日下午开，载仁字正营、副营各500人，管带为江自康、谭清远；"飞鲸"号于22日傍晚开，载芦防步队、义胜前营各200人，管带为潘金山；"高升"号于23日晨开，载义胜前营300人、通永练军左营500人、亲兵前营炮队100人、北塘水雷营35人，分别由吴炳文、骆佩德、许天才、张砚田管带。为防不测，海军提督丁汝昌命"济

北洋水师"福龙"号头等鱼雷艇

远""广乙""威远"号三舰从威海卫出海，护卫"爱仁""飞鲸"号两运兵船；"高升"号运兵船则由"操江"号舰护航。不料"高升""操江"号两船的开船日期被日本间谍石川伍一侦悉，为日本海军立下头等军功。

7月23日上午11时，由海军中将伊东指挥的日本联合舰队离开佐世保。其编队是，第一游击队："吉野""秋津洲""浪速"号三舰。本队：第一小队有"松岛""千代田""高千穗"号三舰；第二小队有"桥立""筑紫""严岛"号三舰。第二游击队："葛城""天龙""高雄""大和"号四舰。鱼雷队：母舰"比睿又"，鱼雷艇有"山鹰""7号"艇"12号"艇"13号"艇"22号"艇、"23号"艇。护卫舰："爱宕""摩耶"号。

舰队按预定航线日夜航行。24日下午5时20分绕过丰岛（牙山湾外的一个岛屿，为进出牙山湾必经之路）的西南端，抵达黑山岛附近时，伊东命令第一游击队向前侦察。25日早晨4时半，第一游击队3舰到达安眠岛，以单纵队阵形向丰岛附近搜索。上午6时30分，"吉野"（4200吨）、"秋津洲"（3100吨）、"浪速"（3700吨）号三舰驶抵丰岛西南的长安堆附近，遥见两艘喷着浓烟的轮船从丰岛方向破浪而来。7时20分，目标接近，看得很清楚，迎面而来的两艘轮船是北洋舰队的"济远"和"广乙"号。

原来，7月22日早晨护卫"爱仁""飞鲸"号两运兵船到牙山的"济远""广乙""威远"号三舰，在

北洋水师『济远』号巡洋舰

北洋水师"威远"号巡洋舰

"济远"号管带方伯谦为队长的率领下于24日平安完成运兵任务。方伯谦考虑到"威远"号是木船，不能承受炮火而且行驶缓慢，便在当晚先让"威远"号离开牙山，自己率领"济远"（2300吨）号、"广乙"（1030吨）号两舰于次日早上起锚返航，不料两舰驶至牙山湾外丰岛海面，遇到了日本联合舰队第一游击队的三艘兵舰。

7月25日上午7时20分，双方相距3000米。日本第一游击队队长坪井航三在考虑打还是不打。当初出航时联合舰队司令伊东曾训令："若在牙山湾附近，中国舰队力量弱小，则不必一战；若力量强大，则进行攻击。"坪井航三问参谋釜谷忠道海军大尉："你看，这两艘中国兵舰能算强大吗?"

釜谷忠道拿起望远镜仔细观察后回答:"论火力,大的那艘约有20多门炮,小的只有几门炮,而我舰队三舰共有86门炮,对我们来说当然不算强大。不过究竟是强是弱,必须通过战争来判断。"坪井又问:"那么你的意思是打!"釜谷回答:"是。"于是第一游击队三舰都挂起了立即作战的信号。7时45分,"吉野"号首先向中国兵舰开炮,日本不宣而战。中国"济远"号进行还击,拉开了中日甲午战争的帷幕。

李鸿章连夜打电报给在朝鲜牙山的叶志超,要他以船移师平壤。叶回电说:"仍由陆路扼要移扎稍有把握,而且可以堵塞日军的南路。但兵力太单薄,万一日军大举袭来,无法支撑。"

7时52分,"济远"发第一炮还击"吉野"。7时55分,"秋津洲"开始向"济远"发炮;一分钟后,"浪速"也向"济远"开炮。三舰集中攻击"济远",弹密如雨。尽管如此,"济远"将士仍奋不顾身,拼死战斗。此次战斗中,表现最为英勇的是帮带大副都司沈寿昌、枪炮二副柯建章和天津水师学堂见习生黄承勋等人。沈寿昌一直在舰前屹立掌舵,指挥炮手还击,不幸头部被弹片击中而牺牲。柯建章接替沈寿昌掌舵督战,也中弹阵亡。黄承勋见大副、二副都已牺牲,自告奋勇掌舵作战。但

他也中一弹炸断了手臂，被水兵抬进舱内，抢救无效，临死时黄承勋对大家说："你们各有岗位，不要顾我。"说罢断气殉国。

日本三舰围攻"济远"号时，"广乙"号也投入了战斗，一上场就被击中两弹，船身歪斜，但仍与敌舰继续作战。后来，"浪速""秋津洲"对"广乙"进行夹攻，因炮烟遮盖，看不清目标，"广乙"未再受损伤。不久，"广乙"在"浪速"后面出现，"浪速"舰长东乡平八郎下令开左舷大炮进行射击。"广乙"损伤甚重，舰上将兵阵亡30多人，实在无法再战，只有向右转舵遁去。"浪速"随尾追击，被"广乙"回击一炮，打中"浪速"左舷，击碎锚机。第一游击队队长坪井航三见"广乙"已受重伤，便下令放弃追击。"广乙"逃脱后驶至朝鲜西海岸十八家岛搁浅，管带林国祥放火焚船，率残部登陆，直奔牙山。及至牙山，闻叶志超已退至平壤，便乘英舰"亚细亚"号回国。那时全舰只剩下17人。

且说"广乙"号重创后，"济远"号更加孤立，而且舰上已死亡30人，受伤27人，势难抵抗，便全速向西遁去。"吉野""浪速"随尾追击，"济远"只好挂着白旗疾驶。后来，"浪速"超过"吉野"，距"济远"3000米的时候，便用舰首大炮射击"济远"。"济远"在白旗下又加悬日本旗，拼命向西遁去。及至12时38分，"吉野"

距"济远"只有2000米了，水手王国成挺身而出，奔向舰尾，在另一名水手李仕茂帮助下，用15厘米口径的尾炮，对"吉野"连发四炮。"吉野"受伤，船头开始下沉，被迫掉转船头回航。26日早晨，"济远"号弹痕累累，返回威海卫基地。

"吉野"号

"浪速"号

## 大东沟海战

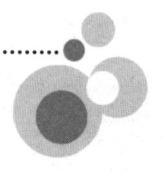

1894年7月25日，日本不宣而战，在朝鲜半岛牙山口外的丰岛海面对中国海军发起突然袭击，击沉运兵船"高理"号，700余士兵死难，"广乙""平远"两舰受重创，从而挑起中日甲午战争。中日甲午战争爆发后，清政府被迫于8月1日对日宣战。

邓世昌对日本侵犯中国早已恨之入骨，决心与侵略者殊死一战。但他也清醒地估计到，中国海军成立不久，虽然平日艰苦训练，还没有经过战场考验，要抵挡日本舰队一定要敢于拼杀，有不怕死的精神。所以，在战斗前，他对舰上的军官和水兵们说："人都是要死的，但是要死得其所！如果战舰在战斗中遇到危险，我们要与军舰共存同亡！"

9月12日，北洋海军提督丁汝昌率领13艘军舰，护送5艘轮船运兵增援朝鲜平壤，于16日到达黄海的大东沟。第二天上午舰队返航，途中发现西南方有挂着美国旗的军舰共12艘。中午时分，这12艘军舰驶近，突然全部改挂日本旗。原来，这是日本舰队施的诡计！

9月15日，侵朝日军分4路猛攻平坡的中国驻军。清军将领左宝贵率部与朝鲜人民一起奋起迎战，壮烈牺牲。统帅叶志超逃回中国境内。

9月16日，海军提督丁汝昌率北洋海军舰艇十余艘护送援军至大东沟，并于17日准备返航旅顺。途中与挂着美国国旗的日军舰队相遇。9月17日，震撼世界的大东沟海战爆发了。

"平远"号由马尾船政学堂前学堂第一届制造专业毕业生魏瀚、郑清濂等自行设计制造，1889年建成。此舰是中国第一艘钢甲战舰，标志着中国造船进入钢船时期。舰名原叫"龙威"，后更名为"平远"，被派往北洋水师，后参加了甲午海战，1904年舰毁。

12时零5分，双方舰队离得更近了。丁汝昌的"定远"号是旗舰，其他舰只在两翼张开，排成一个"特角鱼贯阵"。日本军舰从对面开来，排成了"鱼贯纵阵"。一会儿，双方舰队驶进了大炮射程范围。顿时，舰炮轰鸣，烟雾弥漫，海面上激起一根根巨大的水柱。在波涛和炮火中，邓世昌指挥的"致远"号冲锋直进，在敌舰中穿插，成为一艘突击在敌人面前的战舰。

海战在12时50分打响。由于船速与炮弹不足等因素，中国舰队逐渐居于不利地位，但广大爱国官兵仍然奋不顾身投入战斗。日本舰队司令十分老练狡猾。他不顾其他中国军舰是否勇猛，命令所有军舰集中炮火攻击中国舰队的旗舰。旗舰"定远"号被炮火打中，丁汝昌的帅旗被击落，挂信号的绳索被打断，无法继续进行指挥。日本军舰不顾一切地包围"定远"号。"定远"号腹背受敌，处境危险。

邓世昌在指挥塔上看到这一情景，立即向全舰战士发出了简单的动员令："我们军人的责任是保卫国家，一开始就不应考虑个人的生死。现在旗舰处境危险，我们要去救援，大家要下定牺牲的决心！"

船上全体将士一声呐喊，向邓世昌表示，决心照他的话去做。邓世昌继续说道："我们要用自己的生命保住我们中国水师的军威，这就是报国的行动！"

中国第一艘钢铁巡洋舰——"广乙"号，北洋水师八大主力舰之一。

邓世昌认为"倭舰专恃'吉野'，苟沉是船，则我军可以集事"。在此危急时刻，为保护"定远"号旗舰，邓世昌指挥"致远"号开足马力，驶在"定远"号前迎战，立刻处于艘敌舰包围之中。邓世昌毫不退缩，镇定自若，指挥与敌作战，极大地鼓舞了全舰将士。交战约1个小时，大约在下午3点钟前后，"致远"舰多处中弹，船身倾斜，情况十分危急。邓世昌激励将士说："吾辈从军卫国，早置生死于度外，今日之事，有死而已。"这时，日本"吉野"舰迎面驶来。邓世昌早愤于"吉野"的横行无忌，欲与其同归于尽，以解救旗舰。于是，下令以最快的速度向"吉野"冲去。

在邓世昌的指挥下，"致远"号勇猛地朝日舰冲去。舰首、舰尾12英寸口径的大炮猛烈地向日舰开火。整个

战场的海面上空，几乎被炮火和硝烟罩住了。日舰"比睿"号、"赤诚"号、"西京丸"号一艘艘地被击中，行动迟缓。但是，日本舰队司令不顾损失惨重，仍是集中目标攻击"定远"号。战斗继续到下午两点，日军指挥官命令舰队中最精锐的4艘快速巡洋舰直逼"定远"号前方，企图将"定远"号击沉。已经受伤的"定远"号行动不便，处境十分危险。

为了保护旗舰，邓世昌毅然做出了一个出人意料的决定。他下令"致远"号开足马力，冲到"定远"号的前方去。这样，4艘日本快速巡洋舰的面前就不是受了伤的"定远"号，而是这场海战中最活跃的"致远"号了。于是一场一对四的军舰近战开始了。

面对绝对优势的敌人，邓世昌沉着指挥。军舰在左冲右突中不断发炮，频频命中日舰，这种灵活指挥和有效的攻击，连日本舰队司令官也不禁赞叹起来。

但是，毕竟敌人舰多炮密，经过一个小时的激战，"致远"号右舷水线被日舰的重炮击伤，顿时船体倾斜，甲板上燃起熊熊烈火，滚滚浓烟在舰只上空翻腾。然而，"致远"号的炮火并没有停下来，仍在向日舰飞驰攻击，它好像一条火龙，在海面上疾进。时间一久，舰只无法支持下去。邓世昌估计，舰船沉没已不可挽回，舰上的炮弹也快打光，已经到与军舰共存亡的时刻。于是他下了冲撞日舰的决心。冲撞哪一艘敌舰呢？他在作战中发觉，日舰"吉野"号速度快，火力强，在战斗中最为活跃。因此他决定撞沉"吉野"号。主意拿定后，他对身旁的大副陈金揆说："日本舰队就是仗着'吉野'号横行。把它撞沉了，我们舰队可以重新集结起来进行战斗。我们与它同归于尽吧！"

"对！"陈金揆立即表示赞同。他二话没说，就下达了命令。

顷刻之间，海上出现了奇观，火龙般的"致远"号拖着长长的黑烟，开足马力向"吉野"号冲去。军舰边冲边开炮，好似火龙口中不断喷发出一股股火焰。"吉

北洋水师"致远"舰壮烈沉没

"镇远"号铁甲舰

野"号被这大胆的行动吓坏了，赶紧开足马力逃跑。在一追一逃中，"致远"号的炮弹多次击中"吉野"号，把它打成重伤。眼看快要追上了。顿时，视死如归的爱国官兵在黄海海面发出惊天动地的怒吼声。邓世昌冒着密集的炮火，跨舰桥。这时船身已严重倾斜。他紧握舵轮，仇恨的目光射向吉野号。

"吉野"号在逃跑中，把舰上的鱼雷一枚枚地向"致远"号发射过去。不幸的是，"致远"号快要接近

"吉野"号的时候,被一枚鱼雷击中。在巨大轰鸣声中,"致远"号向左倾覆。

"致远"舰猛地冲向"吉野",甲板上的官兵们面向祖国的方向跪着,誓与敌舰同归于尽。敌人发现这一情况后,集中炮火,轰击致远。致远舰甲板上起火,周围升起了无数水柱,但却向一条火龙冲向敌舰。敌人被吓呆了,惊恐万分,纷纷跳水逃命。日军司令官吓得手足无措,团团乱转。就在这时,"致远"舰不幸中了敌人的鱼雷,锅护爆炸,舰上燃起了熊熊烈火。官兵们纷纷坠入海中。邓世昌与大副陈金揆、二副周居阶等也同时落水。这时,邓世昌的随从刘忠递给他一个救生圈,他坚

大东沟海战,"致远"舰撞击吉野不成,壮烈战沉的瞬间。画面右侧为日舰"吉野",中央倾斜的为"致远"舰。

决不接，巍然地说："事已如此，誓不独生。"正在这个时候，一艘中国鱼雷艇驶过来营救落水的官兵。艇上人员发现邓世昌后，马上伸过长杆，高声呼喊："邓大人，快抓住杆子！"邓世昌被捞出水面后，发现"致远"号已沉没，大多数水兵在水中挣扎。他决定实现自己的诺言，与军舰共存亡，便又投入水中。

邓世昌养有一条义犬，名叫"太阳"。这时，它游到主人身边，衔住了他的手臂不让下沉，邓世昌立即甩开了手臂。爱犬仍不死心，又返回叼住邓世昌的头发，使他不致下沉。邓世昌知道，这条义犬是到死也不会离开自己的。抱定与"致远"舰共存亡的邓世昌捧住"太阳"犬的头，将爱犬按入水中，自己也随之沉没。这样，他便和爱犬一起沉入了汹涌的大海之中。全舰官兵250人全部壮烈牺牲，邓世昌殉国时年仅45岁。邓世昌这位中国近代优秀的海军指挥官，就这样英勇地牺牲了。人们怀念的不仅是他敢于和强敌拼斗，而且是他义撼海天的大无畏的牺牲精神。

邓世昌与爱犬「太阳」

## 威海海战

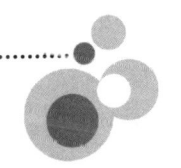

日本联合舰队将第二军从大连湾护送到荣成湾后,立即制定攻打北洋海军基地刘公岛,消灭北洋舰队的计划。司令伊东和诸参谋会商,决定第一阶段(1895年1月30日—2月3日)配合陆军攻占威海卫城及南北两岸炮台,孤立刘公岛;同时对刘公岛及港内的北洋舰队发动海上攻击。为完成这个计划,一面继续炮击登州,一面散布要占领烟台的谣言。

1月24日,日军第三游击队的"天龙""海门"号两舰奉命继续炮击登州,以牵制清军兵力。是日,"天龙""海门"号开赴登州近海,远远望见登州城头旌旗招展,阵营森严,知道已有防御,两舰便对准城头轮流射击,都没有击中。登州防营见日舰开炮,也放炮应战,双方对战数小时。日舰见目的未达,便停止炮击,掉转舰头向东驶去。1月28日,"天龙""海门"号两舰又来登州

骚扰，进行炮击，相持一天而退。

烟台是1858年《中英天津条约》所规定的通商口岸，各国在此驻有领事。日本一方面散布攻击烟台的谣言，另一方面通过英国驻烟台领事阿林格，转告登莱青道刘含芳说："我军欲至烟台，不开炮，希贵军也不开炮。"借以虚张声势，牵制清军，阻止其东援。与此同时，日本联合舰队发动了对刘公岛的进攻。

刘公岛系北洋海军根据地，岛上设有提督衙门、医院及小型修船厂，还有道台及将军衙门。岛内人口不少，为一个小市镇，有各种店铺，其中有一家是德国人开设的，还有一个外国俱乐部，专为岛上20多名洋员服务。全岛有东泓、迎门洞、旗顶山、南嘴、公所后和黄岛6座炮台。

刘公岛炮台遗址

1月28日，日本舰队司令伊东进行全面部署，准备进击刘公岛。1月30日凌晨2时，本队的"松岛"（旗舰）"千代田""桥立""严岛"号4舰和第一游击队的"吉野""高千穗""秋津洲""浪速"号4舰从荣成湾拔锚先行，第三、第四游击队的"筑紫""赤城""摩耶""爱宕""武藏""葛城""大和""鸟海"号8舰随行。此外还有水雷艇三队殿后，它包括第一艇队6艘、第二艇队6艘、第三艇队4艘。第二游击队的"扶桑""金刚""高雄"号3舰，上一天已开至成山角戒严，"天龙""海门"和"天城"号3舰留在荣成湾。

30日上午10时，第三、第四游击队的"筑紫"等8舰，驶近皂埠海面开炮，援助陆路攻打南岸炮台。及至南岸炮台陷落后，又派海军陆战

刘公岛上威震海疆的军舰大锚

北洋海军的议事厅。这组雕塑生动地再现了1894年北洋海军主要将领召开军事会议的场面。

队登陆，炮攻港内的中国舰艇。丁汝昌率"定远""济远""平远"等艇，驶至刘公岛与日岛之间，向南岸炮台炮击，阻止日军进攻。下午3时，日军第二游击队诸舰炮击刘公岛和日岛的炮台，清军还击。

31日午后，风雪大作，炮门结冰不能使用，日本联合舰队不得不退至荣成湾，仅留第三游击队守住港口。至2月2日，雪霁天晴，日本陆军进入威海卫城，并占领北岸炮台。2月3日凌晨，伊东令第二、第三、第四游击队攻击刘公岛和日岛两炮台，又令第一游击队警戒港口。陆军也据海岸各炮台，炮轰港内的清军兵舰。清军还击，巨弹交进。北洋舰队在丁汝昌的指挥下奋勇作战，多次击退日舰的进攻。

2月4日至7日，为威海卫海战第二阶段。日军改变战术，用鱼雷艇偷袭。4日夜，月落天黑，联合舰队的三支水雷艇队沿百尺岩附近的海岸，切断海中的铁链防线，闯入港内。第三艇队的22号旗艇先发一枚水雷,清舰警觉,齐发步枪。日艇继放第二枚水雷后,乘黑暗逃向龙庙嘴,误触暗礁倾覆,数人溺死。第二艇队的9号、10号艇,越过防御设施逼近"定远"舰。当时"定远"号停泊在刘公岛铁码头西侧,丁汝昌正在舰上与诸将领开会,忽见火箭冲天,报告敌艇闯入。丁汝昌急忙登上甲板观看,发现左舷正面约半海里外有两个黑影,认定是敌艇,便急令开炮。日艇没有退却,冒弹前驶。驶至距"定远"号约300米时,10号艇先放一雷,没有发出;后又放一雷,击中"定远"号尾部,慌忙逃走。9号艇驶至距"定远"号约200米时,先射艇尾一雷,后射艇首一雷。"定远"号开炮,9号艇被击中,人艇俱毁。与此同时,"定远"舰底被鱼雷击中,海水涌入,舰身逐渐倾斜。丁汝昌急令砍断锚链,从铁码头西侧向南驶去,在刘公岛岸边的沙滩上搁浅。管带刘步蟾悲痛欲绝,自责道:"身为管带,而如此渎职,今唯以一死谢罪。"丁汝昌安慰道:"这是我的罪过,切勿存有此种念头。"说罢下令将督旗移到"镇远"舰。

5日天亮后,日军再对刘公岛发动攻击,动员了22艘舰船,在威海卫口外进行炮击。北洋舰队诸舰与刘公岛、日岛各炮台拼死应战,日舰无法驶入港口,只得停止炮击,退回海外。

中华 爱国人物故事
ZHONGHUA AIGUO RENWU GUSHI

日军"浪速"号击沉北洋水师"高升"号，可以看到在"高升"号甲板上用步枪勇敢还击、宁死不屈的北洋水师官兵。

6日凌晨2时45分，月没夜黑，伸手不见五指，日军第一水雷艇队长饼原平二少佐率领该队的"小鹰""23号""13号""11号""7号"五艇，由旗舰"23号"领先前进，从铁链防线的间隙进入港口。凌晨4时，日本水雷艇驶近北洋舰队。北洋舰队用探照灯两次扫过日艇上空都没有发现，而日艇却借助灯光发现了北洋舰队各舰的位置。"小鹰"驶至距"来远"舰150米时，发射前部右舷鱼雷，只见一枚鱼雷飞箭似的直射"来远"号。一声巨响，"来远"号被穿透一个数尺宽的窟窿，顷刻间舰身翻转，露出红色舰底，清军30余人遭难。继之"23

刘公岛海军公所陈列的残炮

号""11号"两艇也放鱼雷，练舰"威远"号和差船"宝筏"号也中雷沉没。以上沉没的3艘船，官弁伤亡300余人，其中包括守备陈景祺，千总陶国珍、陈嘉寿、邱文勋，把总杨春燕等。是日下午，日本联合舰队又对刘公岛发动进攻，与占领北岸炮台的陆军配合，陆海夹击北洋舰队。

北洋舰队连失4艘舰船，军心开始动摇。丁汝昌在旗舰"镇远"号上召开各舰管带会议，沉着脸说："倭寇鸱张，一举毁我四船，令人痛心不堪！今倭寇又欲发动攻势，诸位将领不必有所顾虑，俗语说'兵来将挡，水来土掩'，只要我舰队同心协力作战，定能赢得时间。昨晚刘含芳来函说，李大臣电告，援军2月11日必到，万望诸位将士再坚持数天，击退倭寇的进攻。"接着，丁汝昌便部署迎战，点名道："'靖远'管带叶祖珪！"叶起立回答："卑职在。""'济远'管带方伯谦！"方起立回答："卑职在。""'平远'管带李和！"李起立回答："卑职在。""'广丙'管带程璧光！"程起立回答："卑职在。""你们率本舰与黄岛（刘公岛炮台群之一）配合，向北岸回击。其余各舰与刘公岛、日岛各台配合，封锁威海南、北两口。"丁汝昌下令完毕，各舰管带急回本舰，发动机器驶向预定的位置。由于此次部署适时恰当，阻止了日舰入港。

2月7日，日本联合舰队再次发动海上进攻。此次伊东亨变换花招，采用左右两翼进攻的战术，即以第二、第三、第四游击舰队为左翼，炮击日岛；以本队及第一游击队为右翼，全力攻打刘公岛炮台，企图一举攻下刘公岛，全歼北洋舰队。是日上午7时22分，本队的"松岛""千代田""严岛""桥立"号4舰率先，第一游击队的"吉野""高千穗""秋津洲""浪速"号4舰继后，分别进至距刘公岛4500米处；第二游击队的"扶桑""比睿又""金刚""高雄"号4舰，第三游击队的"大和""武藏""天龙""海门""葛城"号5舰，以及第四游击队的"筑紫""爱宕""耶摩""大岛""鸟海"号5舰进至距日岛4500米处。7时34分，本队的"千代田"号最先开炮，"严岛"和"桥立"号继之开炮，本队以旗舰"松岛"号为先导，边进边开炮。本队进至距刘公岛2800米时，急速右转弯，由第一游击队代其炮击。

北洋舰队与刘公岛、日岛上的炮台配合，开炮抵御。数分钟后，日本旗舰"松岛"号前舰桥中弹，航海长高木英次郎少佐等3个军官受伤。7时50分，"桥立"号也中弹受伤。8时15分，"秋津洲"号被刘公岛炮台击中，两名水手受伤。8时20分，"浪速"号煤库中弹。这样，攻击刘公岛的日舰气焰大减。

日本联合舰队司令伊东在旗舰"松岛"号上闻各舰受挫，无计可施，对着挂在司令部壁上的威海卫海图发愁。此时，一名传令兵来报："司令，威海卫北口出现簇簇煤烟，似有敌舰来犯。"伊东说："知道了。"他以为是北洋舰队要来做最后的决战，便传令各舰准备放鱼雷艇袭击。伊东登上甲板一望，只见10多艘艇船沿海岸向西疾驶。原来是北洋舰队的鱼雷艇13艘和"利顺"、"飞霆"两小轮，它们临阵退出。伊东立即令航速最快的第一游击队："速去追击西去的中国艇船，务必全歼勿误！"于是"吉野""高千穗""秋津洲"和"浪速"号4舰开足马力穷追。西去的15艘中国艇船或搁浅沉没，或被风浪打坏，只有鱼雷艇管带王平返回烟台。

日本联合舰队右翼追击清军鱼雷艇时，其左翼也向日岛进攻，占领南岸炮台的陆军发炮助战。防守日岛炮台的是"康济"舰管带萨镇冰及其部下30名水兵，他们顽强抵挡日军13艘战舰的攻击，但炮台被打得稀烂，不能再用。萨镇冰奉命放弃日岛炮台，撤回刘公岛。此次战斗中，刘公岛东泓炮台击中"扶桑"号左舷舰首，日军伤亡7人，此外"筑紫"号也死伤8人。日军左翼诸舰受此打击，只得停止攻击，退至阴山口。

威海海战

## 黄海海战

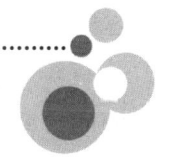

1895年2月8日至11日，海战进入最后阶段。日军一面围困北洋舰队坐等其内部生变，一面水陆夹攻消耗其战斗力。2月8日，伊东令联合舰队守在口外，以防北洋舰队逃跑。同时令南岸各炮台轰击刘公岛及港口舰艇。面对敌人的攻击，丁汝昌坚持应战，双方又展开一场炮战。刘公岛上的学堂、机器厂、煤库、民房等不少被击毁，岛内百姓多人伤亡，人心惶惶，局面混乱。陆军士兵公开说不再打仗了，他们或挤在防波堤下，或坐在艇船上，或上"镇远"舰，要求载他们离开刘公岛。

清军中的一些洋员见时势危急，也打算溜之大吉，其中北洋舰队顾问泰莱、医官麦尔克、教习瑞乃尔，公开策划投降。是夜，他们先后会见了道台牛昶炳、严道洪，商量如何投降。半夜子时，泰莱和瑞乃尔两人赶到提督衙门见丁汝昌。丁汝昌正在筹划明天的作战。瑞乃

尔会讲汉语,说明目前舰队所处的困境,然后说:"可战则战,若士兵不愿战,则投降实为适当之办法。"丁汝昌正色道:"投降之事万万不可,不过,为保全众人的生命,我当自杀。"

此时丁汝昌瞥见窗外有许多士兵,便开窗说:"弟兄们,再坚持数天吧,若11日救兵不至,届时自有生路。你们回去坚守岗位,明天倭寇又要来打了。"丁汝昌待士兵离开提督衙门,便执笔写信给烟台的刘含芳说:"十六、十七日(2月10日、11日)援军不到,则船、岛万难保全。"

2月9日,日本联合舰队又发动攻击。上午8时,第一游击队的"吉野""高千穗""秋津洲"号三舰及本队的"千代田"号驶至威海卫南口海面戒严;第三游击队的"天龙""大和""武藏""海门"号四舰在前,"葛城"号随后,驶近刘公岛东泓炮台,猛烈炮击,清军奋力应战。10点钟,第二游击队的"扶桑""比睿又""金刚""高雄"号四舰前

丁汝昌塑像

甲午战争黄海大战中的日本舰队

来助攻，南岸和北岸陆军对准刘公岛炮击。北岸的子母弹，南岸的开花弹，纷如雨下，落在刘公岛上。刘公岛炮台并没有示弱，奋力还击，击毁南岸鹿角炮台的大炮一门，击伤日舰两艘。丁汝昌亲登"靖远"舰，率领"平远""镇东""镇西"等6艘炮舰至日岛附近，与敌展开炮战。中午，"靖远"号受到皂埠嘴炮台一炮，左舷破裂，炮弹穿过铁甲板，又穿过右舷舰首，舰头慢慢下沉，水兵纷纷跳海。丁汝昌和该舰管带副将叶祖圭拒不离舰，决意与舰同归于尽，最后两人被水手拥上小轮脱险。他们眼看这艘2300吨的巡洋舰渐渐没入海中，无比悲痛。但不知什么缘故，"靖远"号没有全部沉没，舰尾高翘，露出水

面。丁汝昌恐怕它被敌人捞起，派鱼雷舰将它彻底击沉了。

　　2月10日，天下起了鹅毛大雪，日本联合舰队做最后一次进攻的准备。伊东命"严岛"号在海口整日戒严，其他各舰皆补充燃料和水，做好作战准备。是夜，"定远"号管带刘步蟾见局势危急，自己的战舰已经搁浅，无法为国效力，悲愤到了极点，便派部下携带250磅炸药，到搁浅的"定远"号上，把炸药放在舱内，点燃引线，一阵爆裂声，"定远"号完全沉入海底了。当部下完成任务回来向刘步蟾报告时，他已吞药自杀了。

　　2月11日是日本纪元节（古代神武天皇纪念日），联合舰队各舰都进行遥拜仪式。仪式毕，伊东下令："第三游击舰队炮击刘公岛，务必全歼敌舰，为帝国争光！"上午9时，第三游击队的"葛城""大和""武藏""天龙"号四舰，从南口驶至港内，用排炮轮流轰击刘公岛，南岸的陆军也开炮助战，火力之猛，前所未见。然而清军

北洋水师"定远"号铁甲舰（模型）

没有屈服，拼死应战。日舰"葛城"舰首中弹，死伤六七人；"天龙"副舰长中野信阳被弹击中而死；"大和"舰桥的机关炮被打坏。伊东闻报，又令第三游击队支援，重新掀起一场激战。至下午2时，刘公岛东泓炮台被南岸鹿角嘴炮台的大炮击中，两尊伯劳克大炮毁坏，阵亡将士遗体遍地，守台清军不得不撤出炮台，港内各舰也暂避港西。

11日晚上，丁汝昌接到烟台刘含芳的信函，高兴极了，以为援兵有了指望，即将信拆开一看，上面寥寥数字："顷接李大臣电：全力冲出！"丁汝昌至此，方始知道援军无望，长叹一声，倒在椅上，良久才恢复过来。丁汝昌自思，口外倭舰满布，北洋各舰受重创，弹药将尽，根本无法冲出，最严重的是部下已不再服从命令，自己屡次派人去将"靖远"号用水雷击沉，众水手只顾哭求，无人动手……他正低头沉思之际，屋外一片喧哗，抬头一看，只见许多水陆兵勇跪在阶前请命。丁汝昌心

北洋水师"镇远"号铁甲舰（模型）

**中华**爱国人物故事
ZHONGHUA AIGUO RENWU GUSHI

中日甲午战争全景图（油画）

如刀绞，自问此事如何处置？顺着大家万万不能，唯有一死殉国。他毅然走出屋外，对众人说："诸位的请求我知道了，明晨一定给予圆满答复。"众人深知丁提督说话一向算数，便分别散去。丁汝昌见众人离开了提督衙门，便回到屋里，见记名总兵张文宣在来回走动，满脸悲愤。丁汝昌安慰道："老弟，不必悲伤，此乃天数，你我都不能抗拒。为拯救全岛生命，不如就此了结一身，以全忠节。"张文宣早已打算以身殉国，屡屡告诫部下将士说："你们当竭力死守，至力竭不能守时，我终不令你们独死，我独生。我当先死。以免你们之死。"因此，张文宣便对丁汝昌说："劫数难逃，我们就这样决定吧。"丁汝昌听了此话，欣慰极了，过来紧紧握住张文宣的手说："好！一言为定。"说罢，从怀中取出早就准备好的一包毒药，一分为二，各自仰面吞吃。不久毒性发作，先后身亡，时为1895年2月12日上午7时。

"镇远"舰管带杨用霖，因士兵拒战赶到提督衙门报告，方始发现丁、张两人自杀身亡。在张文宣身边还发现一封未写完的、给他舅父李鸿章的信，数行草字，墨迹未干。其上这样写道："此次战争，有守一月而不支者，有守数月而不支者，有守半年不支而至死者。相座（指李鸿章）当付泰西各国观战武员评其得失勇怯，不能以成败论……""镇远"号管带杨用霖是张文宣生前好友，见状悲痛万分，两天后用手枪自杀。

对丁汝昌之死，北洋舰队顾问泰莱说："我深为不幸之老提督悲，我视其自杀，非逃避困难之怯弱行为，乃牺牲一己之生命，以保全他人之生命，彼实为一勇夫。就此点论，其高出于此间其他中国人，不可以道理计。"

甲午战争中的丁汝昌（塑像）

## 碧海蓝天系忠魂

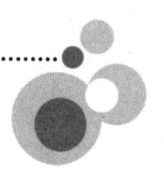

**刘步蟾**

刘步蟾,字子香,福建侯官人,生于1852年(清咸丰二年),"少沈毅,力学深思。及长豪爽,有不可一世之概"。15岁考入福州船政学堂"学习驾驶枪炮诸术,勤勉精进,试迭冠曹偶"。1871年(清同治十年),上"建威"号练船实习,巡历南至新加坡、槟榔屿各口岸,北至渤海湾及辽东半岛各口岸。他工作认真,技术纯熟,4年后便被破格提拔为"建威"号管带。

1875年(清光绪元年)秋,沈葆桢以福州船政局正监督法员日意歌回国之便,派刘步蟾等5人随赴英国和法国参观学习,以增长阅历。1876年(清光绪二年)春,刘步蟾从国外归来,被保举都司。同年冬,船政局派第一批学生出洋学习,其中包括驾驶学生刘步蟾、林泰曾、严宗光、林永升、叶祖珪、方伯谦、萨镇冰、林颖启等

12人。1877年，刘步蟾被派到英国旗舰"马那多"号上学习，担任船副。留英期间，他在学习上出类拔萃，同学中皆无可与之伦比，每试"成绩冠诸生"。英国远东舰队司令佩里曼特对他的评语是："涉猎西学，功深伏案。"国内也有人评论说："华人明海战术，步蟾为最先。"1879年，经英国海军部考试，获得优等文凭。清政府授予游击，并赏戴花翎。

留英归国后，刘步蟾担任"镇北"炮舰管带，成为的名副其实海军军官。但是，它对北洋舰队的现状甚为担忧，因为当时清朝最大的快船才1000多吨，而像"镇北"这样的炮舰也才400多吨，是远远不能适应海防需要的。为此，他与林泰曾共同研讨，将留学心得写成题为《西洋兵船炮台操练大略》的条陈，上于直隶总督李鸿章，提出发展海军"最上之策，非拥铁甲等船自成数军决胜海上，不足臻以战为守之妙"。他主张扩充海军力量，对帝国主义侵略采取积极防御

"定远"舰管带刘步蟾

111

的方针。当时，这个建议被清政府所采纳。

刘步蟾多次出国学习考察，接触西方的新事物，也接受一些西方资产阶级的民主思想，因此对中国封建社会的某些旧传统、旧习惯极为不满。他看到西方妇女都识字而不缠足，认为中国妇女缠足而不字是极不合理的，因此他便不让自己的女儿缠足，要她们念书。当时社会上吸毒成风，刘步蟾对此深恶痛绝，并告诫子女："永远不许吸食鸦片，家中以后有吸食鸦片者，就是不我的儿孙。"

更重要的是，刘步蟾学习了西方近代的军事科学，并能够身体力行，人称"治军严格，凛然不可犯，慷慨好义有烈士风"。1888年9月（清光绪十四年八月），海军衙门奏准《北洋海军章程》，定海军军制，北洋舰队正式成军。在筹建过程中，刘步蟾勤劳从事，"一切规划，多出其手"。他负责草拟《北洋海军章程》时，充分应用了自己所学到的西方海军制度和条例，故人称"内多酌用英国法"。但他也不是机械

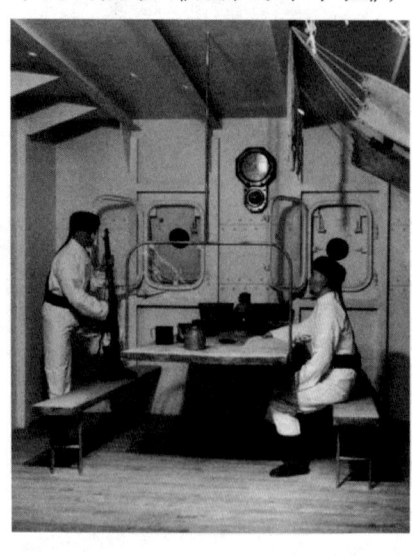

北洋水师战舰上的清军

地照搬，而是参照当时中国具体情况做适当的改动。例如，他起草时，即曾参考过薛福成与1881年试拟的《酌议北洋海防水师章程》。由于刘步蟾对创建北洋舰队的贡献，因此被任命为右翼总兵兼旗舰"定远"号管带，成为北洋海军中地位仅次于提督丁汝昌的高级将领。

北洋舰队成军之后，因技术力量不足，"亟图借才异国，迅速集事"，因此从国外招募了一些洋员。洋员流品甚杂，克尽厥职者固不乏人，怀有野心者也大有人在。英员琅威理两任总教习，清政府赐以提督衔，以示崇优。他则以"副提督"自居，飞扬跋扈，一心揽政。1890年冬，北洋舰队巡泊香港，丁汝昌奉命离舰去法国，刘步蟾按规定撤下提督旗，而升上总兵旗。琅威理争执说："提督离职，有我副职在，何为而撤提督旗？"刘步蟾回答说："水师惯例如此。"琅威理不服，讼于李鸿章，李"复电以刘为是"。"琅威理遂愤而去职，归国后犹复逢人称道其在华受辱布置云。"这次争旗事件，关系到是由中国人还是外国人来掌握北洋舰队指挥权的问题，决不能看作是刘步蟾与琅威理之间的个人权力之争。

1894年7月25日（清光绪二十年六月二十三日），中日甲午战争爆发。9月17日，北洋舰队与日本联合舰队在鸭绿江口外的黄海相遇，双方展开激战。开战前，刘步蟾曾发出"苟丧舰，将自裁"的誓言。海战中，北洋舰队摆成"人"字形舰阵，刘步蟾乘坐的"定远"号恰好在"人"字尖上，冲锋在前，将日本联合舰队拦腰截断，重创其"比睿""赤城""西京丸"诸舰，并击毙"赤城"舰长海军少佐。刘步蟾奋勇督战，力博强敌。"丁汝昌负伤后，表现尤为出色"，"指挥进退，时刻变换，敌炮不能取准"。"定远"舰的水手有口皆碑："刘船主有胆量，有能耐，全船没有一个孬种！"据日方记载："定远"舰"陷于厄境，犹能与合围之敌舰抵抗。'定远'起火后，甲板上各种设施全部毁坏，但无一人畏战逃避"。战到后来，"定远"发出的30厘米半口径的巨炮炮弹，命中日本旗舰"松岛"号，"霹雳一声，船轴倾斜了5度，冒上白眼，四顾暗澹，炮台指挥官海军大尉以下，死伤达百余人，死尸山积，血流满船，而且大火大作"。"松岛"号经此打击，成为一具躯壳，完全丧失了战斗和指挥的能力。"定远"舰越战越勇，而日舰则多受重伤，势穷力尽，仓皇遁逃。

黄海海战后，丁汝昌离舰养伤，刘步蟾代为提督。北洋舰队驶回威海后，他积极贯彻丁汝昌提出的"纾力增备"方针，反对向敌讫和。1895年2月5日拂晓前，日本鱼雷艇进港偷袭，"定远"舰中雷进水，誓将沉没。在此危急时刻，刘步蟾断然下令，将"定远"急驶到刘公岛铁码头外侧的浅谈搁浅，当"水炮台"使用，以继续发挥保卫刘公岛的作用。2月10日，船上储备的弹药全部打完。为使战舰不落入日敌之手，他下令炸沉"定远"舰。当天夜里，刘步蟾毅然自杀殉国，实践了自己的誓言，时年44岁。

**林泰曾**

林泰曾，字凯仕，福建闽县人，生于1852年（清咸丰二年）。1867年（清同治六年），考入福州船政学堂，学习航海驾驶，"历考优等"，被誉为"闽厂学生出色之人"。1871年（清同治十年），上"建威"练船实习。1873年（清同治十二年），随船赴新加坡、吕宋、槟榔屿各海口，颇历风涛。1874年（清同治十三年），被派往台湾后山测量港口航道。是年，被委任"安澜"舰枪械教习，又调任"建威"练船大副。

1875年（清光绪元年），林泰曾随福州船政局正监督法员日意格赴英国采办军用器物，并考察西方船政。沈葆桢奏保守备，加都司衔。同年冬，

"镇远"舰管带林泰曾

又奏保以都司留闽补用。次年回国，调赴台湾会办翻译事物。1877年（清光绪五年），卒业归来，被派充"飞霆"炮舰管带。1880年（清光绪六年），南北洋大臣会同闽浙总督奏保，以林泰曾"沈毅朴诚，学有实得"，升为游击，并戴花翎，调任"镇西"炮舰管带。林泰曾与刘步蟾在船政学堂与英国两度同学，又同时担任炮舰管带，长期相处，志同道合，因共同研讨，写成题为《西洋兵船炮台操法大略》的条陈，上于李鸿章，主张学习西方海军的经验，扩充中国的海军力量，对帝国主义侵略采取积极防御的方针。

1880年12月（清光绪六年十一月），林泰曾随丁汝昌去英国接新购的"超勇""扬威"两艘快船，次年回国，以接船有功，升参将，并赏果勇巴图鲁勇号。1882年（清光绪八年），又随丁汝昌赴朝鲜，挫败了日本对朝鲜的武装干涉计划。事毕后，升副将。1885年（清光绪十一年），又兼办北洋水师营务处。林泰曾长期任职海军，是一位优秀的将领。李鸿章对他的评语是："资深学优，驾驶操练均极勤奋。"沈葆桢对他的评语则是："深通西学，性行忠谨。"1888年（清光绪十四年），北洋舰队成军，林泰曾便被破格特授左翼总兵兼"镇远"管带。

林泰曾之为人，"性沉默，寡言笑"，治军严明，而"用人信任必专，待下仁恕，故临事恒得人之死力"。1894

年（清光绪二十年），中日甲午战争爆发。战争初期，林泰曾即"力主进攻，举全舰队扼制仁川港"，与日本联合舰队"一决胜负与海上"。丁汝昌对此表示赞同，但鉴于李鸿章"北洋千里，全资屏蔽，实未敢轻于一掷"的指示，这个计划未能实现。在黄海海战中，林泰曾指挥"镇远"舰与"定远"舰密切配合，战绩卓越。"'镇远'与'定远'的配置及间隔，始终不变位置，用巧妙的航行和射击，时时掩护'定远'，奋勇当我诸舰，援助'定远'且战且进"。在海战的紧要关头，林泰曾指挥沉着果断，"开炮极为灵捷，标下各弁兵皆恪遵号令，虽日弹所至，火势东奔西窜，而施救得力，一一熄灭"。在"定远""镇远"两舰的奋力搏战下，日舰仓皇逃遁。英国远东舰队司令佩里曼特曾评论说："日军不能全扫乎华军者，则以有巍巍铁甲船两大艘也。"诚非虚语，连敌军也有诗赞"镇远"道："其体坚牢且壮宏。"

1894年11月（清光绪二十年十月），北洋舰队巡旅顺返航威海，进威海北口村，正值落潮，雷标漂出范围，"镇远"舰因避标而擦暗礁，底板裂缝两丈有余，进水甚急。林泰曾采取紧急措施，堵住漏水，安然驶进威海港内。但是，他认为自己失职，忧愤填膺，服毒而亡，时年43岁。

### 杨用霖

杨用霖，字雨臣，福建闽县人，生于1854年（清咸丰四年），少丧父母，依伯兄杨腾霄，"性喜任侠，尚气节，重然诺"，喜"侃侃谈天下事，旁若无人"。17岁时，参加海军，投"艺新"舰为"船生"，从管带许寿山学习英语及驾驶、枪炮技术。杨用霖刻苦好学，"日夕勤勉，寒暑不辍，而颖悟悦进，于航海诸艺日益精熟"。不久，便补为"振威"舰管炮官，又升"艺新"舰二副。

1879年（清光绪五年），林泰曾留英回国，由福建带舰北上，调杨用霖同行。杨用霖到北洋后，先后任"飞霆""镇西"舰二副。次年，随丁汝昌去英国接"超勇""扬威"二舰，并充任"超勇"二副。回国后，升任大副。1885年（清光绪十一年），"定远"等舰来华，杨用霖调升"镇远"舰帮带大副，赏戴花翎，以守备用。1888年（清光绪十四年），北洋舰队成军，海军人才缺乏，李鸿章奏请以杨用霖署右翼中营游击。1891年（清光绪十七年），又升用参将，赏加副将衔。

杨用霖少时失学，长大酷爱学习，"公暇益肆力于书籍，手不释卷，才识遂日以增进，长官倚重之"。总教习英员琅威理对杨用霖评价很高，认为他将来在海军方面的建树不可限量，并称赞他"有文武才，进而不止者，则亚洲之纳尔逊"。在北洋舰队中，杨用霖是很有威信的将领,"在营治军严明有威,而爱抚士兵不啻家人子弟"。每逢士兵"疾苦劳顿,必亲临慰问",因此士兵极为"感戴"。

1894年9月17日(清光绪二十年八月十八日),北洋舰队与日本联合舰队激战于黄海。杨用霖奋然对部下将士说:"时至矣!吾将以死报国,愿从者从,不愿从者吾弗强也。"大家感动得掉泪说:"公死,吾辈何以生为?赴汤蹈火,惟公所命!"杨用霖协助管带左翼总兵林泰曾,指挥全舰将士奋力鏖战,弹火飞腾,而神色不动。激战中,旗舰"定远"中炮起火,舰中将士一面救火,一面与敌搏战。此刻,杨用霖突转"镇远"之舵遮于其前,向敌舰发动进攻,使"定远"得以扑灭其火,从容应敌。当时,在附近海域"观战"的西方海军人士,皆称赞:"靡此,而'定远'殆矣!"战到最后,终于迫使日舰逃遁。

"镇远"舰管带杨用霖

同年11月，北洋舰队从旅顺驶回威海，进港口时，"镇远"舰触礁进水，管带林泰曾忧愤自杀。杨用霖擢升护理左翼总兵兼署"镇远"管带。当时，旅顺已经失陷，"镇远"不能进坞，杨用霖带领人员日夜赶修，将舰修好。在威海海战中，他协助丁汝昌和刘步蟾奋力抗敌，先后击退日舰的8次进攻。他"常以马革裹尸为壮"，并以此激励部下。1895年2月5日（清光绪二十一年正月十一日），"定远"舰中雷搁浅，丁汝昌移师督旗于"镇远"。同月11日，刘步蟾和丁汝昌先后殉国。营务处提调牛昶昞推举杨用霖出面与日军接洽投降。杨用霖严词拒绝，回舱后口诵文天祥"人生自古谁无死，留取丹心照汗青"的诗句，随后自杀殉国，时年42岁。

**林永升**

林永升，字钟卿，福建闽侯人，生于1853年（清咸丰三年），14岁时考入福州船政学堂，学习航海驾驶。1871年（清同治十年），到"建威"练船上实习。1875年（清光绪元年），调赴"扬威"练船，任船政学堂教习，补千总。1877年（清光绪三年），被派往英国海军学校学习战阵兵法，在校成绩屡列优等。次年，被派马那多铁甲舰见习，巡历地中海各洋面，阅历大增。

1880年（清光绪六年），林永升在英学习期满，结业回国，升守备，加都司衔。不久，由李鸿章调往北洋，任"镇中"炮舰管带。1881年（清光绪七年），调任"康济"练舰管带。1882年（清光绪八年），朝鲜政府发生动荡，日本趁机进行军事干涉，李鸿章派丁汝昌赴朝鲜，林永升从行，以航行迅速，比日舰先一日抵达朝鲜，使日本用兵力控制朝鲜的计划归于破产。回国后，林永升以功补都司，并赏戴花翎。

1887年8月（清光绪十三年七月），在英德船厂订造的"致远""靖远""经远""来远"4艘快船完工，李鸿章派邓世昌、叶祖珪、林永升、邱宝仁等人出洋接带。林永升任"经远"舰管驾。1888年4月（清光绪十四年三月），4舰安全抵达天津大沽，林永升被荐保游击，赏御勇巴图鲁勇号。同年9月，北洋舰队成军，任"经远"舰管带。1889年（清光绪十五年），海军衙门成

"经远"舰管带林永升塑像

中华爱国人物故事
ZHONGHUA AIGUO RENWU GUSHI

"扬武"舰水兵在桅上挂系帆蓬作业的场景

立,北洋舰队设中军右营副将,由林永升署理。1891年(清光绪十七年),李鸿章到威海检阅北洋舰队,以林永升"办海军出力",升保副将,补缺后升用总兵,并赏换奇穆钦巴图鲁勇号。次年,实授中军右营副将。

1894年（清光绪二十年），中日甲午战争爆发。是年9月17日，北洋舰队与日本联合舰队相遇于黄海海面，双方展开激战。黄海海战之前，林永升即"先期督励士卒，昕夕操练，讲求战守之术，以大义晓谕员弁士兵，闻者皆为感动"。临战时，林永升"尽去船舱木梯"，并"将龙旗悬于桅头"，以示誓死奋战。

　　战至下午3点钟左右，北洋舰队右翼阵脚之"超勇""扬威"两舰，已中弹起火而焚没，"经远"舰的右侧失去掩蔽。此时，日本先锋队"吉野"等4艘舰船见有机可乘，专力绕攻"经远"，将其划出阵外。在号称"帝国精锐"的4艘日本先锋舰船的围攻下，"经远"中弹，"火势陡发"。林永升指挥"经远"舰，有进无退，"奋勇摧敌"。尽管敌我力量悬殊，处境不利，但全舰将士"发炮以攻敌，激水以救火，依然井井有条"。日本4艘舰船死死咬住"经远""先以鱼雷，继以丛弹"，"经远"舰以一敌四，毫无畏惧，"拒战良久"。激战中，林永升突然发现一艘敌舰中弹受伤，遂下令"鼓轮以追之"，"非欲击之使沉，即须擒之同返"。日舰依靠势众，群炮萃于"经远"。林永升中弹，壮烈牺牲，时年42岁。

为国壮烈捐躯的邓世昌及北洋水师官兵（塑像）

**黄建勋**

黄建勋，字菊人，福建永福人，生于1853年（清咸丰三年），1867年（清同治六年），以文童应船官考，入福州船政学堂。1872年6月（清同治十一年五月），调"建威"练船见习航海，周历南北海港。1874年（清同治十三年），先后充任"扬武""福星"兵船正教习。1875年（清光绪元年），又调回"扬武"舰，赴日本及中国各海口梭巡，以增长阅历，被荐保千总。

1877年（清光绪三年），船政派第一批学生出洋，黄建勋到英国学习物理、化学等科目。同年底，上"伯乐芬劳"铁甲舰任见习二副，周历南北美洲及西印度一带海口，研究海道沙线。1879年（清光绪五年），"伯乐芬劳"舰长阿武里给予"学行优美"证书。见习结业后，黄建勋继续留在英国补习枪炮攻守战术。1880年（清光绪六年），黄建勋又在英国参观大船厂、机械局、枪炮厂等处。同年4月，黄建勋学成回国，充任船政学堂驾驶教习。

1881年（清光绪七年），黄建勋补守备，加都司衔。同年7月，李鸿章调他到北洋，任大沽水雷营管带。1882年3月（清光绪八年二月），署理"镇西"炮舰管带。不久，实授管带，随丁汝昌赴朝鲜，保升都司，并戴花翎。1887年4月（清光绪十三年三月），调任"超勇"快船管带。1889年（清光绪十五年），海军衙门成立，升署左翼后营参将。1891年（清光绪十七年），加副将衔。1892年（清光绪十八年），以参将署理期满，改为实授。

1894年9月17日（清光绪二十年八月十八日），北洋舰队与日本联合舰队激战于黄海。"超勇"与其姊妹舰"扬威"，当时正位于北洋舰队的右翼，而两舰乃木质包铁的旧式兵船，舰龄已在13年以上，防御力特差。于是，日本第一游击队"吉野"等4艘舰船便集中火力猛攻不已。"超勇"与"扬威"奋力还击，终因中弹太多，"共罹火灾，焰焰黑烟，将全舰遮蔽"。不久，"超勇"右舷倾斜，难以行使，终于被烈火焚没。黄建勋"为人慷慨，尚侠义，性沈毅，出言憨直，不做世俗周旋之态，而在军奋励，往往出人头地"。他落海后，左一鱼雷艇来救，抛长绳援之，不就而沉于海，时年42岁。

**林履中**

林履中，字少谷，福建侯官人，生于1853年（清咸丰三年）。1871年（清同治十年），考入福州船政学堂第三期，学习航海驾驶，"在堂屡考优等"。1874年（清同治十三年），上"建威"练船，实习航海。1875年（清光绪元年），调赴"扬威"练船，游历南北洋港道及日本各海口，以资练习。1876年（清光绪二年），又赴南洋群岛，至新加坡、槟榔屿、小吕宋等处。是年冬，补"伏波"兵船大副。

1881年（清光绪七年），李鸿章调他到北洋，任"威远"练船教习大副。次年夏，被派赴德国验收新购"定远"铁甲舰的鱼雷、炮位、器械等器具。随后，被调往英国高士堡学堂研习驾驶、枪炮、数学、电学等科目。1884年（清光绪十年），由英国返回德国，沿途考察英、德两国军港的风潮沙线。到德国后，林履中仍回"定远"铁甲舰。1885年（清光绪十一年），林履中协带"定远"舰回国，被派充大副，奏奖蓝翎千总。同年冬，升调副管驾。1887年（清光绪十三年），调任"扬威"快船管带，荐保花翎守备。1889年（清光绪十五年），海军衙门成立，林履中升署右翼后营参将。1891年（清光绪十七年），实授参将，加副将衔。

1894年（清光绪二十年），中日甲午战争爆发。在黄海海战中,"扬威"舰位于北洋舰队的右翼阵脚。日本第一游击队"吉野"等4艘舰船抄袭北洋舰队的右翼,"扬威"奋力抗御。林履中平时"勤慎俭朴,能与士卒同艰苦",故战时部下无不用命。炮战不久,"扬威"中炮起火,又复搁浅。不料,此时"济远"舰竟转舵逃跑,"适遇'扬威'铁甲舰,又以为彼能驶避","直向'扬威'。不知'扬威'先已搁浅,不能转动,'济远'撞之,列一大穴,水渐汩汩而入"。"扬威"受伤严重,渐不能支,舰身遂逐渐下沉,林履中仍然指挥部下"放炮击敌"。及至登台一望,舰身已沉入水中,遂奋然跳海,随破而没,时年42岁。

中日甲午战争中的北洋水师官兵(铜像)

中华爱国人物故事
ZHONGHUA AIGUO RENWU GUSHI